Lilas NORD

COMMENT J'AI PRIS UN COUP SUR LA TÊTE (ET LA BONNE DÉCISION)

RAGEOT

Cet ouvrage a été imprimé sur un papier
issu de forêts gérées durablement,
de sources contrôlées.

Couverture : Marie Bretin
Maquette : Marion Biffaud

ISBN : 978-2-7002-8326-6

Merci infiniment à tous les lecteurs-acteurs
du feuilleton des Incorruptibles, attentifs,
sensibles, curieux, drôles, pertinents et joueurs !

À tous ceux, toutes celles
qui se sont pris des portes dans la tête.

À toutes celles, tous ceux
qui font confiance à leur petite voix.
(Même si elle leur casse parfois les oreilles.)

Eh, oh ! C'est très important d'écouter sa petite voix !

Chapitre qui reste au lit toute la journée

Ça fait envie, comme titre de chapitre, non ? Surtout quand il fait moche et froid. Vous n'avez jamais rêvé de passer la journée au lit ? Je parie que vous vous êtes dit : « Olaladidon, qu'est-ce que ce serait agréable ! » Oui, ben… pas pour moi. Et puis, de toute façon, ça n'a pas commencé par là.

Plutôt par ici :

Hier, je me suis pris une porte en pleine tête. Je suis tombée, je ne sais plus trop comment. J'ai dû rester dans les pommes un moment. Rien de cassé, heureusement.

Mais franchement, j'aurais préféré me réveiller dans une autre dimension.

N'importe laquelle. La quatrième. La cinquante-deuxième-bis. Celle des trolls qui tricotent, des moustiques qui parlent le morse, celle de à-force-de-parler-d-autres-dimensions-on-ne-va-jamais-réussir-à-raconter-cette-histoire-ce-qui-ne-serait-peut-être-pas-plus-mal-maintenant-que-j-y-pense-bon-alors-salut-à-la-prochaine.

Bref. N'importe quelle dimension, mais pas la mienne. Pas celle où je me retrouvais sonnée, sur les fesses, dans le couloir froid et beige du collège.

Parce que le coup de la porte dans la tête, ce n'était pas vraiment un accident. Au bout de la porte, il y avait Gilbert. Avec un grand sourire.

– Alors, 4L, on tient plus sur ses jambes ?

Je ne lui ai pas répondu.

Ma copine Félicité m'a aidée à me relever.

– Elle s'appelle Léoliam-Liulan, espèce de crétin !

Mais Gilbert était déjà parti.

Oui, oui, je vous entends déjà : « Léoli… quoi ? »

Ne vous inquiétez pas, j'ai l'habitude. Depuis que je suis née, personne ne m'appelle par mon prénom tout entier. Ça fait onze ans que ça dure.

Au départ, c'est parce que mon frère s'appelle Jean. Juste Jean. Quand mes parents ont su que ce serait un garçon, ils se sont tout de suite mis d'accord sur ce prénom. Mais après, ça a fait des tas d'histoires.

– Jean ? s'est exclamée *Calendula*.

Ma tante n'en revenait pas que sa sœur *Capucine* ait eu le culot de rompre avec la tradition familiale des prénoms de plantes, alors que, elle, elle avait appelé ses enfants *Lavande*, *Tilleul*, et *Camomille*.

– Jean ? a explosé nainai, ma grand-mère paternelle, qui trouvait que ça n'honorait pas nos ancêtres.

– Jean ? a rigolé papi Émile, son mari, qui passe sa vie à faire des jeux de mots au ras des pâquerettes. Comme Jean sais rien ou Jean bon beurre ?

Ça n'a pas du tout amusé mes parents.

Alors huit ans plus tard, quand ils ont appris qu'ils attendaient une fille, ils ont passé des mois à chercher des prénoms sans arriver à se mettre d'accord sur rien.

Ils ont fini par choisir un prénom très composé, un prénom « de compromis », qui devait faire plaisir à tout le monde. Léo pour Éléonora, le prénom qu'avait choisi ma mère, mais qui était déjà trop long à lui tout seul. Liam parce que mon père aurait voulu m'appeler William si j'avais été un garçon. Liu et Lan pour les ancêtres, avec un bonus spécial tata, puisque *lan*, ça veut dire « orchidée » en chinois. Et voilà : un bon prénom pour faire plaisir à tout le monde.

Sauf à moi. Je m'en serais sûrement mieux sortie avec un prénom d'infusion. Mais bon…

De toute façon, je vous l'ai dit, personne ne m'appelle comme ça. Sauf les profs, la première fois qu'ils font l'appel. Après, en général, j'ai droit à : « Ça te va si on t'appelle Léoliam ? ». Et moi, je dis oui.

Je dis toujours oui…

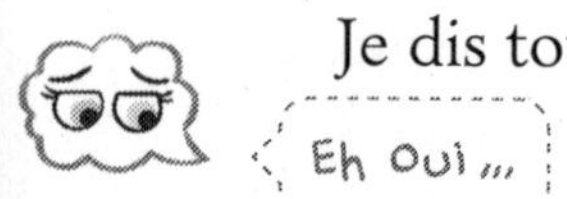

Bref.

Ma mère m'appelle Léo.

Mon père m'appelle Liam.

Ma nainai m'appelle Liulan.

Ma tante m'appelle ma puce.

Mon frère m'appelle Machine.

Mon chat m'appelle Miaou.

Et moi, je m'appelle moi, mais je ne me parle pas beaucoup.

Et moi ?
Je compte pour du beurre ?

Même ma meilleure amie ne m'appelle pas par mon prénom complet.

– Léli, pourquoi tu te laisses faire ? s'est énervée Félicité. Pourquoi t'as rien dit ?

– Ça va, c'est rien, je vais bien, j'ai marmonné.

Après le coup que j'avais reçu, je n'avais pas besoin de me prendre des commentaires en plus.

Félicité a lâché un de ses soupirs atomiques qui pourraient rayer de la carte toute une colonie de fourmis. Et puis elle s'est calmée.

– Tu veux que je t'emmène à l'infirmerie ?

– Non, je…

Félicité ne m'a pas laissée finir. Elle m'a traînée par le bras

Eh, oh, doucement quand même !

et elle a tapé à la porte de Mme Tamalo.

L'infirmière a crié :

– Complet !

Mais elle a ouvert quand même. Elle n'avait pas l'air ravie de nous voir. Il faut dire que l'infirmerie était déjà pleine à craquer.

– Qu'est-ce que vous avez tous, aujourd'hui ?

Il y avait Ali avec une gomme dans le nez. Nino avec un compas dans le doigt. Et Samantha, la tête dans une bassine.

– Et toi, qu'est-ce qui t'arrive ? m'a demandé l'infirmière en regardant la bosse qui avait commencé à me pousser sur le front. Tu voulais te changer en licorne ?

– Vous êtes déjà bien occupée. On va pas vous déranger, j'ai esquivé.

Mais quand j'ai voulu faire demi-tour, Félicité m'en a empêchée. Et elle a expliqué à ma place :

– Gilbert Cantabello de Tessonsec lui a claqué une porte incendie dans la figure, madame.

– Merci, Félicité. Tu peux aller en cours. Allez, entre, Léoliam. Il me reste un tabouret et une poche de glace.

Sincèrement, avec ma poche de glace sur la tête, je m'en sortais plutôt mieux que les autres, qui avaient l'air vraiment mal. Ils avaient tous changé de couleur. Ali était aussi rouge que sa gomme, Nino, blanc comme le comprimé qu'il venait d'avaler et Samantha avait viré au vert. Ça faisait de la peine à voir.

Et puis j'avais pitié pour l'infirmière qui ne pouvait pas se diviser en quatre. Alors plutôt que de rester sur mon tabouret, j'ai tenu la main d'Ali pendant que Mme Tamalo lui retirait la gomme avec des pinces, empêché

Nino de se replanter le compas dans le doigt en voulant me montrer comment il avait fait, et tenu les nattes de Samantha pendant qu'elle vomissait sa mousse au chocolat (les carottes râpées et la choucroute de la veille, c'était déjà fait).

Après, Mme Tamalo a doucement caressé ma bosse et elle m'a demandé si je ne voulais pas aller voir le CPE, pour ces histoires avec Gilbert. Surtout que ce n'était pas la première fois.

C'est là que Lancelot est arrivé, incrusté dans le squelette à roulettes de la salle de SVT, parce qu'il avait encore voulu montrer qu'il était cap. Mme Tamalo a pris un air désespéré, a déclaré qu'il était temps qu'elle change de métier, et a commencé à lister tout un tas d'idées (trapéziste, conductrice de tram à Lisbonne, éplucheuse de calotte glaciaire, etc.). J'en ai profité pour m'éclipser. Je suis sortie à « dompteuse de coquillages bivalves », mais, à mon avis, elle était loin d'avoir fini.

Le soir, Félicité m'a appelée pour prendre de mes nouvelles. Et me faire la morale.

– T'es allée voir le CPE ?

– Non…

– Pourquoi ?

– Parce qu'après, Gilbert va avoir des ennuis.

– Il a fait exprès de te balancer une porte dans la figure, Léli ! Et toi, tu te fais du souci pour lui ? T'es vraiment trop gentille !

Elle, elle n'a pas dit ça gentiment… Alors j'ai dit pardon, je suis fatiguée, tout ça, bonne soirée, bisous, etc.

Sérieusement. « Trop gentille »… Ça veut dire quoi ?

Trop sucré, je vois. C'est comme ces bonbons qui font fondre les dents rien qu'en les regardant. Trop salé ? Trop facile. Comme ces chips qui momifient les lèvres et changent la langue en parchemin. Et vous réveillent trois fois la nuit pour boire au robinet. Et encore trois autres fois pour aller aux toilettes après.

Trop petit, trop chaud, trop con… pas besoin de me faire un dessin. Mais trop gentil ? Franchement, je ne vois pas.

J'ai failli rappeler Félicité pour lui demander de m'expliquer, mais j'ai eu peur qu'elle ne soit pas « trop gentille ».

Et puis, elle m'aurait lancé : « T'en as parlé à tes parents, au moins ? »

Et là, comme je n'aime pas mentir, j'aurais dit non, ou bafouillé, et elle se serait encore énervée, alors, vraiment, à quoi ça servirait, autant pas rappeler.

Ce que mon amie ne comprend pas, c'est que je ne peux pas raconter ça à mes parents. Je ne veux pas les embêter. Ils ont des tas de choses à faire. En plus, depuis la mort de ma grand-mère chérie, la mère de ma mère, ils ont bien assez de chagrin comme ça. Et moi aussi. Et quand je dis « bien assez », c'est encore loin du compte. Je ne pourrais même pas vous dire combien de chagrin, tellement c'est beaucoup, tellement ça déborde. Tellement, que je crois que je commence à comprendre ce que ça veut dire, « infini ».

Des fois, cet infini me coupe l'appétit, et des fois, comme là, il ne me laisse plus qu'une envie : aller me coucher. Mais, cette fois, dormir n'a rien changé. Parce que ça m'est retombé dessus dès que le réveil a sonné le matin. J'ai pensé à ma grand-mère, à mes parents que je ne vois plus beaucoup, j'ai revu la tête de Gilbert, la déception de Félicité, et là, j'ai eu l'impression qu'on me comprimait le cœur comme une vieille orange pour voir s'il en sortirait autre chose que de la peine. Je ne voulais pas me lever, je ne voulais pas sortir. Alors j'ai murmuré :

– Si seulement je pouvais rester dans mon lit, toute la journée, bien au chaud sous la couette.

Et je me suis renfoncée dans mon oreiller. J'ai eu l'impression que ma bosse allait exploser tellement ça m'a fait mal. J'ai vu des tas de lumières qui tournaient : il devait y avoir au moins trente-six chandelles ! Mais d'un coup, tout s'est éteint.

Quand j'ai rouvert les yeux, il était midi et demi. Je me suis retrouvée avec tous mes soucis et une drôle de surprise en prime. J'étais clouée au lit : impossible de me lever. Ce n'était pas la flemme ni la fièvre. Non, j'étais *vraiment* collée au lit. Quand j'essayais de me redresser, le matelas se relevait avec moi ! Et ma couette restait lovée contre moi.

D'abord, j'ai cru que mon frère m'avait fait une mauvaise blague. Je sais bien qu'il ne me portait pas dans son cœur, mais, à dix-neuf ans, je pensais qu'il avait passé l'âge de ce genre de plaisanterie. Et puis, je ne voyais vraiment pas comment il avait fait son coup. Pas de colle, pas d'attaches… Et s'il avait été derrière cette histoire, il n'aurait pas voulu rater ma tête au réveil. Pourtant, j'étais toute seule à la maison…

Peut-être que j'étais encore en train de rêver.

Il faut dire que mes rêves sont assez particuliers. Il y en a qui rêvent de gloire, d'amour ou d'eau fraîche, mais moi, je fais des rêves vraiment bizarres. Des rêves « au premier degré » comme dirait ma prof de français qui nous apprend plein de proverbes improbables. Du genre : « ne pas avoir les yeux en face des trous », « prendre des vessies pour des lanternes » ou « chercher midi à quatorze heures ».

Ça m'est déjà arrivé de rêver que je ne pouvais plus approcher personne parce que j'étais devenue tout feu tout flamme, ou que je me retrouvais bien embêtée avec mon cœur sur la main. J'ai même fait un cauchemar où on était tous à table en famille et où c'était moi l'entrée, parce que j'avais un cœur d'artichaut. Ma mère dit que c'est parce que je prends les expressions au pied de la lettre, ce qui est déjà hyper bizarre comme expression, non ? Bref, tout ça pour dire que ça ne m'étonnait pas de me retrouver clouée au lit dans un de mes rêves. Et j'étais plutôt contente qu'il n'y ait pas vraiment de clous.

Mais pour un rêve, j'avais drôlement faim. Et pas mal envie de faire pipi, aussi. Je ne vous demande pas si vous avez déjà fait pipi au lit, hein, on ne se connait pas encore assez bien. En tout cas, si j'étais toujours en train de dormir, je ne voulais surtout pas que mon rêve finisse comme ça. Alors j'ai essayé de me lever.

Je vous passe les détails mais, pour une fois, j'étais plutôt contente que mon frère ait laissé traîner ses rollers dans la chambre. J'ai réussi à les pêcher grâce à la vieille canne de ma mamie que j'ai gardée près de mon lit. Ne me demandez pas comment j'ai fait pour les enfiler sans trop appuyer sur ma vessie… En m'aidant de la canne, je me suis redressée et j'ai navigué comme un gros sandwich à roulettes jusqu'aux toilettes. Là, vous êtes gentils, mais je ferme la porte sur cet épisode. Je peux juste vous dire que je n'ai pas bu une goutte de la journée pour ne pas avoir à y retourner.

Après avoir grignoté un reste de poulet froid et fait tomber de la mayonnaise sur mes draps, j'ai voulu nous remettre au lit, mon matelas, ma couette et moi. Mais j'ai dû me prendre un pied de la lettre que je n'avais pas vu et je me suis étalée comme une crêpe dans le salon. Mon chat a aussitôt grimpé sur le matelas et je l'ai entendu ronronner dans mon dos. C'était doux, même si ça me chatouillait un peu. Alors, je me suis rerendormie.

Quand mon frère est rentré, il faisait nuit. Il a juste dit que je ne savais vraiment plus quoi inventer pour faire mon intéressante et il s'est mis devant la télé. J'ai voulu lui expliquer le rêve, tout ça, mais quand je me suis levée, mon matelas et ma couette n'étaient plus attachés à moi. Alors j'ai laissé tomber. Enfin, non : j'ai tout ramassé et je suis partie refaire mon lit. Je me suis dit que j'avais dû me prendre un sacré coup sur la tête pour imaginer un truc pareil. Merci Gilbert !

Avant d'aller me coucher ce soir-là, j'ai voulu poser mon chat dans mon lit, vu qu'il avait apprécié de faire la sieste sur moi. Mais il a agité les pattes au-dessus de la couette comme si je m'apprêtais à le précipiter dans une bassine d'eau glacée. Et il est parti, la queue en l'air et l'air vexé. Il devait préférer quand j'étais sous le matelas.

De le voir s'éloigner, ça m'a fait une grosse boule dans le ventre.

– Je voulais juste te faire un câlin, moi ! Si seulement tu étais plus affectueux ! Tu pourrais montrer que tu tiens à moi, un peu !

Oh là, là… Qu'est-ce que j'avais pas dit là…

Chapitre qui échappe au jeu de mots avec Chat-pître (Ah, ben non, finalement)

– *Miâââ ? Mouah, mrou, mroaw. Miii, miii, miii, miiiaou !*

– Hein ? Quoi ? Aïeeeu!

En gros, c'est comme ça que ma journée a commencé. Avec des poils de chat plein la bouche et de la bave sur la joue. Parce que, quand mon chat est content, il bave. Et ce matin-là, il était trrrès content. À moitié couché sur mon visage, il me pétrissait la tête de bonheur et ronronnait comme une tronçonneuse.

Bizarre… Ça ne lui ressemblait pas vraiment. Si ça se trouve, il avait pris la nuit pour réfléchir au fait qu'il n'était pas assez câlin avec moi et il avait décidé de se rattraper. Pour me réveiller, d'habitude, il était plutôt du genre je miaule, je miaule, je miaule, je te saute sur le ventre puis je t'attaque les pieds. Pourtant, c'était bien mon chat : yeux jaunes, blanc avec des taches de noir comme s'il avait voulu réparer une voiture, et le bout de la queue légèrement cassé. Mais il me regardait avec les yeux de l'amour alors qu'à cette heure-là il avait plutôt tendance à me regarder avec les yeux de l'estomac.

J'ai voulu me lever pour aller voir si les croquettes dans son bol n'étaient pas passées en dessous du seuil critique. Cette fois, mon matelas n'est pas resté collé à moi. Mon chat, si. Il s'est cramponné avec ses griffes dans mon pyjama quand j'ai voulu le mettre par terre.

– Re-aïeuuuu! Rentre ça tout de suite! Ça fait mal.

– *Mrouuu?*

Rien à faire. Plus je tirais, plus il s'engriffait. Comme je n'avais pas envie qu'il me découpe l'épaule, je l'ai laissé s'installer autour de mon cou. C'était plutôt agréable. Son ventre tout doux et chaud m'enveloppait comme une écharpe. Une écharpe qui ferait *Rrrron* et *Rrrron* et *Grouiii* et *Glouglou*.

Quand je suis entrée dans la cuisine, mon frère était en train de prendre son petit déjeuner et mes parents étaient déjà partis travailler. Ils tiennent un salon de thé garage coiffure librairie. Oui, je sais, c'est un peu comme pour mon prénom : ils n'ont jamais réussi à choisir un seul métier. Mais bon, c'est une autre histoire…

Dans celle-ci, je m'installe à la table de la cuisine avec mon chat enroulé autour du cou. Mon frère ne lève même pas les yeux de son magazine de cinéma.

Bien moins affectueux que mon chat, il me lance :

– Salut, Machine ! Dépêche-toi de te préparer : il faut que je file au salon.

Vous pensez bien que tenir un salon de thé garage coiffure librairie à deux, ce n'est pas possible, même quand on y passe tout son temps. Alors dès que Jean a été assez grand, les parents lui ont demandé de venir les aider.

Au début, Jean était plutôt content de travailler là-bas pour passer plus de temps avec eux. Mais, entre les cartons de livres à monter, les outils à ranger, les sauces à touiller et les cheveux à balayer, il a vite compris qu'il n'en profiterait jamais vraiment. Alors, maintenant, il y va en traînant des pieds. Et ça ne le rend pas très joyeux. Pas très gentil, non plus.

Jean s'est levé pour se resservir un café.

– Sympa ton écharpe ! a-t-il dit avant de se mettre à rigoler tout seul.

– T'as pas compris ? Chat ? Écharpe ? É-chaaa-rpe.

Parfois, Jean a autant d'humour que papi Émile.

– Oui, oui, très drôle, j'ai dit en remplissant un bol de céréales, puis un bol de croquettes.

Mon chat n'a pas voulu descendre de son perchoir. Alors je lui ai tenu le bol près de mon épaule et il m'a fait un concert de *kric-krac-krounch* dans l'oreille. Après, il s'est mis à faire sa toilette, et puis la mienne, parce qu'il m'avait laissé des morceaux de croquettes dans les cheveux.

Mon frère nous a regardés, bouche bée. Et il a marmonné :

– Alors comme ça, tu as engagé le chat pour faire ton intéressante ?

Moi, franchement, je me trouvais plus embêtée qu'intéressante, mais bon, avec mon frère, ce n'était même pas la peine de discuter. Alors j'ai fini mon petit déjeuner sans rien dire et je suis allée me préparer.

Heureusement que je me lève toujours en avance, parce que ça m'a pris des heures !

Rien que pour enfiler mon T-shirt et mon pull, ça a été toute une aventure. Les fabricants de vêtements devraient vraiment penser à faire des trous assez grands pour quand on a un animal sur le dos, parce que je peux vous dire que mon chat n'a pas apprécié de passer par le col roulé. Il s'est agrippé si fort à mon crâne que j'ai cru qu'il allait me faire des trous d'aération dans la tête. Quand on est enfin sortis du tunnel du pull, je me suis affalée sur mon lit pour souffler. Mais je me suis relevée d'un bond. Et si je me retrouvais collée au lit avec mon chat ?

« Ouf, non, OK, tout va bien, on se détend. »

Quoi ? Ça ne vous arrive jamais de vous parler dans votre tête ? Vraiment ?

Même pas quand le professeur de physique barbu hyper bizarre crie qu'il lui faut un volontaire au tableau et que vous n'avez rien compris à l'exercice ? Vous êtes sûrs que vous n'avez pas entendu une petite voix qui fait :

Non, pitié, pas moi, pas moi, pas moiii… ?

Ou :

Youpiiiiiiiii !!!

Quand vos parents rapportent du cheesecake aux speculoos du salon de thé garage coiffure librairie ?

Ou qui balance tout ce que vous n'osez pas sortir à voix haute ? Les questions bêtes qui vous trottent dans la tête :

Si on se gave de bonbons de toutes les couleurs
jusqu'à en être malade,
est-ce qu'on vomit des arcs-en-ciel ?

Les questions moins bêtes qui risquent de faire de la peine aux autres :

C'est parce que t'es tout petit, que t'as pas d'amis
et que tu supportes pas le divorce de tes parents
que tu t'en prends tout le temps à moi, Gilbert ?

Bref, plein de remarques qu'il vaut souvent mieux garder dans sa tête, même quand on a l'impression qu'elle va exploser. Parce que ma petite voix à moi, elle a toujours des tas de trucs à me dire. Et là, elle me beuglait :

Non mais, oh !
T'as vu l'heure un peu ?
Grouille tes fesses !

Pendant que je finissais de m'habiller à toute vitesse, mon chat patounait mon pull duveteux, comme un chaton nouveau-né. Il était tellement heureux qu'il s'était remis à baver.

Direction, la salle de bain. Après un petit coup de gant de toilette pour me débavouiller, j'ai voulu me laver les dents. Mais mon chat a trouvé ça très marrant, la brosse qui faisait des allers-retours en moussant. Alors il m'a collé des tas de petites baffes sur les joues. Après, j'ai voulu me coiffer pour enlever les derniers bouts de croquettes.

« Chic ! Une autre brosse ! » a dû se dire mon chat, qui s'est mis à jouer avec en me mordillant les cheveux.

J'ai fini par abandonner : j'avais une tête pire qu'avant de commencer.

Un instant, j'ai hésité à prendre une douche tout habillée pour faire fuir l'animal. Mais mon chat aime bien l'eau : il sort sur le balcon dès qu'il pleut et il saute toujours dans le fond d'eau de la baignoire. Si ça se trouve, il serait resté collé à moi et, en prime, je me serais retrouvée trempée. Non merci…

N'empêche qu'il fallait que je trouve une solution rapidement : je n'allais quand même pas l'emmener au collège ! C'est là que j'ai vu le flacon de parfum de mon frère : *Souffle du dragon*. Félicité dit que Jean s'en met une tonne pour couvrir son haleine de chacal. Ce n'est pas très gentil.

Mais ce n'est pas faux non plus.

J'ai pris la bouteille, que j'ai placée juste sous le nez de mon chat. Miracle ! Il a poussé un feulement terrible avant de cracher et de filer se cacher je ne sais où. J'en ai profité pour attraper mon manteau, mon sac à dos et je suis sortie en courant de l'appartement.

– Au revoir, Jean ! Bonne journée ! j'ai lancé.

– Ouais, toi-même, Machine !

Au bout de onze ans, il ne sait toujours pas comment tu t'appelles !

– Laisse tomber…

T'as raison : de toute façon, tu m'écoutes jamais !

J'ai dévalé l'escalier de l'immeuble et couru jusqu'au collège, la boule au ventre. Déjà que j'avais été absente la veille, manquerait plus que j'arrive en retard !

Si ce n'était pas déjà fait, à ce niveau-là de l'histoire, vous vous demandez : « Alors comme ça, elle a raté une journée de collège et ça n'a inquiété personne ? »

Eh bien… non.

« Mais, le collège n'a pas appelé ses parents ? »

Si, sûrement. Mais les portables ne captent pas bien dans le salon de thé garage coiffure librairie, et la ligne fixe est toujours saturée par les prises de rendez-vous des clients. Le répondeur ne prend même plus les messages.

« Ils ont bien dû essayer d'avertir un autre responsable ! »

L'autre « responsable », c'est mon frère, si vous voyez ce que je veux dire. Il aura vu s'afficher « collège » et, du coup, il n'aura même pas répondu. Bref…

« Quand même, ses parents pourraient être un peu plus présents ! On en est déjà à la page 34 et on ne les a même pas encore vus ! Ils ne s'occupent jamais de leurs enfants, ou quoi ? »

C'est que… euh… C'est… compliqué. Et puis, là, tout de suite, je n'ai pas envie d'en parler. Pas le temps. Je vous rappelle que je suis en train de courir pour arriver à l'heure ! Je n'en peux plus et mon sac pèse une tonne !

Tiens, c'est vrai, ça, il est hyper lourd, ce sac ! Pourtant y a que maths et sport, ce matin… Je parie que t'as encore oublié des classeurs dedans. T'es toujours pas capable de préparer ton sac correctement !

– Ça va, hein, c'est pas toi qui portes ! j'ai rouspété.

Comme il me restait deux minutes avant que ça sonne, je me suis arrêtée à mon casier pour alléger mon sac.

Vous, vous l'avez peut-être senti venir, mais pas moi.

Moi, je l'ai senti, mais personne me demande jamais mon avis !

Le « je ne sais où » où s'était caché mon chat fuyant le parfum qui pue, c'était dans mon sac à dos, tranquille sur mes affaires de sport. Il faut dire que, comme il adore les odeurs de chaussettes, il est amoureux de mes vieilles baskets. Et il était presque attendrissant, là, à baver tout ce qu'il pouvait sur mes lacets. Sauf que j'allais devoir le ramener à la maison, moi ! J'allais refermer mon sac quand la sonnerie a retenti… Mon chat a pris peur et a bondi pour filer comme une fusée dans le bâtiment B.

Juste derrière Gilbert, qui ne l'a pas vu passer. Mais moi, évidemment il ne m'a pas ratée…

– Alors, 4L, tu t'es coiffée avec un pétard ce matin ? C'est fou : t'arrives à être encore plus moche que d'habitude ! Si tu continues comme ça, tu vas entrer dans le livre des records !

Tu t'es vu, face de pet ?

– Elle a surtout battu le record de patience avec les crétins dans ton genre ! a balancé Félicité qui arrivait dans mon dos. Allez, dégage, minus !

Bien envoyé !

Gilbert est parti en marmonnant quelque chose que je n'ai pas compris.

Félicité était furieuse…

– Quand est-ce que tu vas enfin l'envoyer bouler ? Non mais t'as vu ta tête ? Tu cherches les ennuis, en fait ! Et pourquoi t'étais pas là hier ? Pourquoi t'es en retard ? La prof de maths va nous pourrir de devoirs en plus ! Tu sais que je déteste ça ! T'as fait exprès, ou quoi ? Et pourquoi tu as des traces rouges plein la figure ? Eh, oh ! T'as perdu ta langue ?

Ton amie te parle !

Elle avait dégainé tellement de questions à la suite que je ne pensais pas qu'elle attendait vraiment des réponses. Et puis l'idée de perdre sa langue, c'est tellement horrible que j'ai bredouillé :

– C'est pas moi… C'est mon chat…

– Ton… quoi ? Tu me sors l'excuse du chat ? Tu te fiches de moi, ou quoi ?

Mais elle n'a pas eu le temps de m'en remettre une couche, parce qu'un surveillant est arrivé, et il n'avait pas le sourire aux lèvres. comme on dit.

– Pourquoi vous n'êtes pas en cours, toutes les deux ?

– C'est pas moi… C'est son chat… a tenté Félicité.

– Vous vous payez ma tête en plus ?

Sans façon : qu'est-ce que vous voulez qu'on en fasse ?

Pour qu'il n'entende pas ma petite voix, je me suis dépêchée de répondre :

– Pas du tout. C'est que… je ne me sens pas très bien. J'ai demandé à Félicité de m'accompagner à l'infirmerie.

Le surveillant s'est radouci et nous a laissées filer. Félicité n'a pas sorti un mot jusqu'à l'infirmerie. Ça, ça aurait vraiment pu entrer dans le livre des records. J'ai risqué un :

– Eh ben… tu ne dis plus rien ?

– Non : j'ai donné ma langue à ton chat.

Elle m'a répondu ça d'un ton glacial, et puis elle m'a plantée là, devant la porte de Mme Tamalo.

– Toi aussi, tu avais atelier piercing, ce matin ? a plaisanté l'infirmière quand elle m'a vue. Je te présente Lucas, qui s'est dit qu'il aurait la classe avec un faux piercing sur la langue. Sauf que les aimants, ça ne tient pas dans la bouche, et ça fait mal au ventre ! Nous avons aussi Micheline, parmi nous, avec ce joli petit nœud de trombones à la place de sa boucle d'oreille. Et notre ami Nino, bien sûr, le spécialiste du compas ! Tu as joué avec quoi, toi, pour avoir ces jolis petits trous partout ?

– Mon chat…

– Ici ?

– Oui… enfin… non…

L'infirmière m'a posé une main sur le front et puis elle a fait une drôle de tête inquiète.

– Léoliam, ça va ? Tu as mal quelque part ? Combien j'ai de doigts ? Tu as pris un nouveau coup sur la tête ? C'est encore Gilbert ?

Mais vous avez pas un peu fini avec toutes vos questions, ce matin ?

– Oui. Pas vraiment. Dix. Non. Et re-non.

Sauf que rien qu'en entendant le prénom de Gilbert, j'ai senti ma bosse piquer et mes larmes monter. Et puis j'ai pensé à mon chat chéri, perdu dans cet immense collège. Si je me mettais à pleurer maintenant, je ne sais pas si j'arriverais à m'arrêter. Mme Tamalo n'avait pas besoin de ça en plus, alors je me suis enfuie.

Elle a crié mon nom, mais je savais qu'elle n'allait pas me courir après. Elle ne pouvait pas laisser les autres tout seuls dans l'infirmerie. Au cas où ils mettraient leurs talents en commun pour trouver de nouvelles bonnes idées…

Bon, c'est pas tout ça :
il va falloir retrouver ce chat !

Le retrouver, ça n'a pas été difficile. L'attraper, ça a été une autre histoire. Enfin, façon de parler cette fois… C'est bien dans cette histoire que ça se passe, mais ce que je veux dire, c'est que ça a été com-pli-qué.

Pour le pister, je me suis mise dans la tête de mon chat paniqué. Voilà ce que j'ai trouvé (je traduis grossièrement) :

– *Aaaaargh, bruit, gens, partout, cachette, là, loin, tranquille… Mmmmm sent bon, cuiiiisiiine !*

Sans surprise, je l'ai débusqué dans la cantine où il était en train de goûter consciencieusement toutes les bonnes entrées (pâté en croûte, mousse de sardines, rillettes de thon, jambon sans les cornichons).

En sautant sur le rebord d'une énorme marmite pour y tester la sauce bolognaise, mon chat a fait tomber une louche, qui a heurté une poêle, qui a projeté des couverts, qui ont fait culbuter une casserole, qui a renversé toute la batterie de couvercles qui se sont mis à rouler partout dans la cuisine.

Autant vous dire que ça a fait UN PEU de bruit. J'ai cru que mon chat allait faire une crise cardiaque dans la sauce des pâtes. Raide comme un piquet, les poils tout hérissés, il a bondi de deux mètres avant de déguerpir.

Je me suis dépêchée de le suivre jusque dans la salle d'arts plastiques. Je ne l'avais jamais vu comme ça ! On aurait dit une boule rebondissante montée sur ressorts. En voulant grimper aux rideaux, mon chat a explosé la caisse des pots de peinture dans un feu d'artifice de toutes les couleurs. Dommage qu'il n'y ait eu que lui et moi pour voir ça.

Enfin, le pauvre n'a pas dû voir grand-chose, parce qu'il a été repeint de la tête aux pattes. Mon minet noir et blanc était devenu multicolore et poisseux. À moitié aveuglé par la peinture, il a bousculé l'armoire interdite (là où il y a les pistolets à colle, les cutters, les ciseaux, et j'en passe). C'est là que le bocal des yeux de poupées dépareillés qui est posé tout en haut s'est fracassé par terre. Alors, en plus de ses nouvelles couleurs, mon chat a hérité d'une paire d'yeux sur le derrière. Qui clignaient dès qu'il bougeait. C'était… curieux. Mais ce n'était rien à côté de la touche finale.

Mon chat a quitté la pièce à toute vitesse pour s'engouffrer dans la salle de SVT, entraînant derrière lui, dans un drôle de carnaval, une dizaine d'autoportraits qui séchaient sur le fil à linge resté accroché à sa queue. Glissant sur le carrelage à cause de ses petites pattes pleines de peinture, il a atterri dans l'étagère

aux spécimens dont il est ressorti avec un joli crâne de veau sur la tête.

Gêné pour naviguer sans ses fidèles moustaches, mon chat a massacré toute une table de maquettes du système solaire et de reproductions du corps humain. Il s'est tiré de ce carnage avec une exoplanète à une patte et un bout d'intestin sur le dos qui lui faisait comme une crête. Il avançait en se cognant, en miaulant. J'avais mal pour lui…

Paniqué, il n'a pas vu qu'il montait sur le petit chariot de ménage… qui a commencé à dévaler le couloir jusqu'aux escaliers.

Et là…

Heureusement qu'un chat retombe toujours sur ses pattes. Même quand il en a vu de toutes les couleurs.

Même si ses pattes atterrissent sur la tête du principal, qui est elle-même sur le cou du principal, qui est entouré de tas de gens à qui il a l'air d'expliquer des trucs très sérieux et très importants.

Il y a eu un moment de silence total. On entendait juste goutter la peinture sur le costume du principal, et cligner les yeux du derrière de mon chat qui tremblait comme une feuille.

Puis le principal l'a attrapé par la peau du cou.

Non, mais, il est fou, faut jamais faire ça avec un chat adulte !

Et il a hurlé :

– Qu'est-ce que c'est que ce coup monté ?

La prof de français des 6e8 qui est très à cheval sur le vocabulaire a répondu :

– Ce n'est pas un coup monté, monsieur : c'est un chat.

J'ai cru que le principal allait exploser.

– D'où sort cette… créature ?

Je n'ai pas eu le temps de répondre à sa question, parce que mon chat, qui avait vécu plus d'aventures en une demi-heure que dans toute sa vie et qui en avait assez qu'on le tienne aussi mal, a mordu le principal et m'a sauté dans les bras.

– Vous ! a vociféré le principal en me montrant du doigt. Dans mon bureau ! Sur-le-champ !

Comme son bureau n'a rien à voir avec un champ et que c'est un des endroits les plus déprimants de la terre, je vais vous épargner la visite.

Ah… Vous voulez savoir ce qui s'est passé à l'intérieur ? À votre avis ? J'ai eu droit à un sacré savon, alors que j'aurais préféré une serviette pour mon chat. Et puis le principal a appelé mes parents, qui n'ont pas répondu. Mon frère, pareil. Alors il a essayé de joindre papi Émile.

– Allô ?

– Oui, bonjour monsieur, a commencé le principal. Je suis avec votre petite-fille qui…

– Allô ?

– Oui, vous m'entendez ?

– Parlez plus fort, je suis un peu sourd, vous savez.

– Bien. Je suis…

– Plus fort !

– Je...

– Je n'entends rien du tout !

– JE SUIS...

– Ha ! Ha ! Je vous ai bien eu ! Je ne suis pas là pour le moment, a fait la voix de mon papi sur le répondeur. Mais vous pouvez me laisser un message !

Le principal est devenu tout rouge, les joues gonflées de gros mots qu'il ne voulait pas laisser sortir.

Il a pris une feuille et un stylo et il s'est mis à écrire un courrier, avec des tas de petites lettres noires et serrées qui avaient l'air très fâchées. Puis il l'a enfermé dans une enveloppe qu'il m'a tendue.

– Ça ne va pas se passer comme ça, je vous préviens ! Je veux voir vos parents dans mon bureau à la première heure demain matin. C'est compris ? Et vous et votre... monstre êtes renvoyés pour la journée.

J'ai fait oui de la tête, au revoir comme j'ai pu et je suis sortie du bureau, puis du collège, avec mon chat traumatisé dans les bras.

– Ne t'inquiète pas, c'est fini, ça va aller, je lui ai dit d'une petite voix.

Mais ma petite voix à moi, elle n'a pas essayé de me rassurer.

Et là, on peut en parler,
de tes parents qui ne sont jamais là ?
Ou tu vas encore leur chercher des excuses ?

J'ai fait comme si je ne l'avais pas entendue, mais j'ai senti mon cœur se serrer et rétrécir, dur et creux comme un noyau d'abricot. Il en est sorti une petite larme piquante que j'ai chassée d'un revers de la main. Et puis j'ai soufflé, tout doucement :

– J'aimerais tellement, tellement avoir des parents plus présents…

Chapitre qui ne s'arrange pas (mais alors pas du tout)

Quand je suis rentrée du collège, mes parents n'étaient pas là, évidemment. Mon chat, lui, était enchanté de retrouver son foyer, doux foyer. Heureusement qu'il aime l'eau, parce qu'il en a fallu je ne sais pas combien de litres pour le nettoyer.

Une fois que je lui ai eu enlevé tous ses bouts de maquette, ses yeux de derrière, sa crête d'intestins, ce qu'il restait de sa guirlande de portraits et ses trois couches de peinture, il est redevenu à peu près normal, avec juste quelques reflets colorés sur ses poils blancs, et des moustaches à paillettes. On était lessivés tous les deux. Alors on est allés s'installer sur le canapé et on s'est endormis comme des loirs.

J'ai fait un drôle de rêve. Sans le moindre pied de la lettre cette fois. J'étais dans le bureau du principal et j'attendais mes parents avec mon chat.

Furieux, le principal s'est mis à crier :

– Cette fois, ça suffit ! Vous êtes renvoyée !

– Non, vous ne pouvez pas faire ça ! je suppliais.

– Si !

Et là, c'est devenu carrément bizarre, parce que quand j'ai dit :

– Non ! Je vous jure que mes parents seront bientôt là !

Le principal m'a répondu :

– Si ! Là ! Lalalala ! Sisisisi.

Et mon chat a fait :

– Mi mimi mimi…

Driiing ! Driii-drriii-drrriiiii, driiiiiiiiiiiiiiiiiiiiiiiing !

Je me suis réveillée en sursaut, parce qu'on sonnait à la porte. C'était Félicité.

– Tu savais qu'il y avait un type habillé comme un pingouin qui faisait des vocalises sur ton palier ? elle m'a demandé.

– Hein ?

– Tu l'as pas entendu ? Pourtant, entre lui et la grande asperge qui lui crie dessus, on peut pas les rater. On dirait Laurel et Hardy. En moins rigolos….

– Euh…

– Bref, c'est pas important. On m'a dit que t'avais été renvoyée. Qu'est-ce que t'as fait ? J'ai profité de l'heure du déjeuner pour passer. T'as intérêt à tout me raconter ! T'as rien à manger ?

J'ai sorti des restes de quiche et de tarte du salon de thé garage coiffure librairie, et elle s'est jetée dessus. Moi, je n'avais pas faim.

– Ben alors, je t'écoute ! s'est agacée Félicité.

– C'est que… je ne sais pas trop par où commencer.

– Par le début, espèce de truffe !

Truffe toi-même, eh !

Il y a des amis qui aiment bien s'envoyer des petites vannes, se traiter de trucs pas très gentils sur le mode de la blague. Comme si, entre copains, c'était pas grave. Félicité, elle est comme ça, toujours à me traiter d'espèce de ci ou de ça. Ce n'est pas vraiment méchant, et je ne crois pas qu'elle le pense sincèrement. Mais ça me blesse quand même. Parce que, au fond de moi, la petite voix est toujours prête à croire ces insultes à la noix.

Et là, elle me dit :

Alors, la truffe, tu la racontes, ton histoire, ou quoi ?

– Eh bien… bon… alors…

– Pfffff, à ce rythme-là, on n'est pas rendus ! a râlé Félicité. Je te rappelle que tout le monde n'a pas eu la chance d'être renvoyé pour la journée et qu'il y en a qui sont obligés d'aller en cours de SVT, pendant que madame se prélasse chez elle.

Non, mais, elle est sérieuse, là ?

– Même si j'avoue que j'ai hâte d'avoir ma note, a continué Félicité. J'ai passé tellement de temps sur cette maquette ! Le pire, ça a été le système digestif, avec tous les tortillons de l'intestin à découper, j'ai cru que…

Et là, Félicité s'est arrêtée de parler. Deux fois dans la même journée : on rentrait dans le domaine de l'impossible.

Ses yeux étaient braqués comme des rayons X sur la corbeille du salon où j'avais jeté les petits bouts de trucs et de machins que j'avais enlevés de mon chat.

Vous connaissez le coup du calme avant la tempête ? Si vous ne le connaissez pas, bouchez-vous les oreilles. Vite !

– QU'EST-CE QUE MON INTESTIN GRÊLE FAIT DANS TA POUBELLE ? a hurlé Félicité.

– Je... J'ai... c'était... mon chat...

– TON CHAT !

Je ne sais pas s'il s'est reconnu, mais Félicité a crié si fort qu'il a filé sous le canapé, version ni vu ni connu.

– TON CHAT ! elle a répété sans baisser de volume. QUAND EST-CE QUE TU VAS ARRÊTER DE TE MOQUER DE MOI ?

Et puis elle m'a balancé :

– Moi qui me faisais du souci pour toi ! Je viens exprès prendre de tes nouvelles et, toi, tu t'amuses à massacrer ma maquette ! Tu savais que j'avais absolument besoin d'une bonne note en SVT, parce que sinon... Oh, et puis de toute façon, tu t'en fiches ! Tout ce qui compte pour toi, c'est ta petite vie, avec tous tes, ohlàlà, problèèèèmes ! Les autres, t'en as rien à faire ! Eh ben, tu sais quoi ? J'en ai marre d'être toujours là pour toi, à te défendre et tout ça. T'as qu'à te débrouiller toute seule, maintenant !

Et elle est partie en claquant la porte à faire s'effondrer l'immeuble. L'immeuble a résisté, mais pas moi.

Tu la laisses partir comme ça,
sans rien dire ?

Oui. Et sans rien dire, je suis tombée par terre, le souffle coupé par les mots que je m'étais pris comme une gifle.

Je venais de perdre ma meilleure amie. Alors j'ai fait la seule chose que je sais faire dans ces moments-là, quand c'est trop dur pour moi. Je suis allée me réfugier dans mon expression préférée : je me suis enfermée dans ma bulle.

Dans ma bulle, le temps s'arrête, le temps de souffler.

Dans ma bulle, plus rien ne peut me toucher.

Dans ma bulle tout se tait, mes tracas, ma tristesse, et même ma petite voix.

Mais c'est fragile, une bulle…

Mon voisin l'a fait éclater en hurlant dans le couloir :

– Oh, les deux mabouls ! C'est pas bientôt fini !

– Maboul vous-même ! a claironné une voix de femme. Espèce de malotru ventripotent !

– Filez d'ici, avant que je vous flanque mon pied au derrière !

J'ai mis du temps à comprendre ce qui se passait. Les fameux Laurel et Hardy avaient dû venir au bout des limites de la patience de mon voisin. Ils ont dû déguerpir pour préserver leur postérieur, parce que je ne les ai plus entendus.

Sortie de ma bulle, je me suis sentie comme un escargot sans sa coquille, en moins visqueux. Comme un petit pois qui aurait glissé sous la table et qu'on aurait oublié là. Avec moins de miettes et de poils de chat. Bref, ça n'allait pas.

J'ai essayé d'appeler le salon de thé garage coiffure librairie. Évidemment, personne ne m'a répondu. Mes parents devaient encore être débordés de travail. Comme, moi, j'étais débordée de chagrin, je ne voulais pas rester toute seule avec ma tristesse. Alors je suis sortie les retrouver.

Je suis entrée par le côté coiffure où s'affairait mon frère, entre un chauve venu se faire tailler le bouc et une vieille bique venue se faire raser la moustache. Ah, oui, je ne vous avais pas dit : mes parents faisaient aussi barbier, mais salon de thé garage coiffure librairie barbier, c'était vraiment trop long. Papi Émile avait bien essayé de trouver des raccourcis, du style salon-thé garaffure librarbier, ou salgarcoilibar. Mes parents avaient répondu que les clients risquaient d'être un peu trop perdus.

Dans le salon de thé garage coiffure librairie, les clients savaient peut-être où ils étaient, mais à en juger par la tête du papi avec du shampoing plein les yeux, du monsieur aux cheveux à moitié coupés et des trois mamies qui chauffaient sous leurs casques à frisettes, on voyait bien qu'ils commençaient à se demander ce qu'ils faisaient là ce jour-là.

– Qu'est-ce que tu fiches ici, toi ? m'a lancé mon frère.

Toujours aussi aimable…

Je n'ai pas eu le temps de répondre que la brochette de mamies m'est tombée dessus.

– Oh, regardez donc voir qui arrive ! s'est exclamée la première, aux cheveux qui tiraient sur le violet.

– Ah mais oui ! C'est la petite Léo… liu… chose, a dit sa voisine, coiffée comme son caniche.

– Qu'est-ce que tu as grandi ! s'est émerveillée la troisième, pleine de bigoudis.

– Merci, j'ai bredouillé avant de m'approcher de mon frère. Jean…

– Pas le moment ! Pas le temps ! a-t-il grommelé en attrapant le téléphone sans lâcher le bouc du chauve qui avait une serviette sur les yeux.

Comme les mamies commençaient à avoir les joues plus rouges que des fesses de babouin, j'ai arrêté les casques avant qu'elles soient trop cuites.

– Allô ?… Allô ?… Excusez-moi, mais ça ne capte pas très bien, apparemment, a dit mon frère dans la brosse à barbe en lissant le bouc avec le téléphone. Rappelez plus tard, merci !

La sonnerie du garage a retenti et Jean s'est excusé auprès du chauve :

– Un instant, je vous prie. Je reviens tout de suite.

Et il a filé dans le garage, juste à côté. Moi, tout ce que je voulais, c'était voir mes parents, mais je ne pouvais pas laisser les clients comme ça !

Ben si, c'est pas ton problème !
Et je te rappelle que t'es pas censée
travailler, à ton âge !

J'ai laissé râler la petite voix pendant que je branchais le fauteuil massant du chauve, que je rinçais les cheveux du papi, que je coupais l'autre moitié des cheveux du monsieur et que je servais un thé à la vieille bique pour qu'elle arrête de lancer ses :

– Non mais c'est invraisemblable !

La triplette sous casque n'avait pas besoin de moi : elle papotit, patatait, papotait.

Je suis entrée dans le garage pour chercher mes parents. Mais il n'y avait que mon frère qui était en train de se faire manger par une voiture. Le capot s'était refermé sur lui et ne voulait plus le lâcher. Quand je l'ai sorti de là, il m'a eu l'air un peu raplapla.

– Ça va, Jean ?

– Qui ? Quoi ?...

Il avait une sacrée bosse sur le crâne, et ça saignait un peu. Je lui ai mis de l'arnica et du sparadrap, et la mémoire lui est revenue… avec toute sa mauvaise humeur.

– C'est bon, lâche-moi ! J'ai pas que ça à faire !

Merci bien…

Et là, c'est la sonnerie du four du salon de thé qui a retenti.

Jean s'est précipité dans l'escalier en brandissant une clef à molette.

Alors j'ai couru derrière lui, un peu inquiète. Il avait pris un sacré coup sur la tête.

– Jean !

– Pas le temps ! Pas le moment ! m'a-t-il lancé.

Il est arrivé dans la cuisine juste au moment où les muffins commençaient à noircir. En les sortant, il s'est brûlé avec la porte du four. Et comme c'est pas le genre à se plaindre…

Ah, c'est de famille, alors !

… il a juste serré les dents. Puis il a attrapé un plateau sur lequel il a entassé un cake, une tarte, une quiche, trois chocolats chauds, deux jus de fruits et un milk-shake avant de passer côté salon de thé librairie.

Alors je l'ai suivi.

Je pensais enfin tomber sur mes parents, mais ils n'étaient pas là non plus. Bizarre…

– Jean…

– Quoi, à la fin ? s'est-il énervé.

Il avait l'air tellement fâché que la cliente qui avait commandé le milk-shake n'a rien osé lui dire quand il a mis sa clef à molette dans son verre en guise de touillette.

J'ai quand même réussi à demander :

– Ils sont où, les parents ?

– Tu le fais exprès ou quoi ?

– Exprès quoi ?

Comme je ne comprenais pas, mon frère m'a expliqué :

– Me dis pas que t'as oublié qu'ils sont partis à leur concours annuel de poésie !

Manquait plus que ça !

– Mais… ils sont censés venir avec moi chez le principal demain matin !

– Eh bien, ça attendra !

– Et si je me fais renvoyer du collège ? j'ai paniqué.

– Tu viendras me filer un coup de main ici : ça te changera de ta vie de princesse !

Il m'a balancé une éponge et il a ajouté :

– En attendant, rends-toi utile, un peu !

Il allait faire un sandwich entre deux tranches de livres quand le téléphone s'est remis à sonner. Il a décroché une cuillère.

– Décidément, on ne capte rien, aujourd'hui, a-t-il bougonné en redescendant niveau coiffure.

– Je crois qu'il aurait besoin de vacances… a glissé l'amatrice de milk-shake.

J'ai fait oui de la tête avant de lui changer sa boisson. Puis j'ai glissé la clef à molette à la banane dans ma poche et je suis redescendue.

– Quand est-ce qu'ils vont revenir, les parents ? j'ai demandé à mon frère qui encaissait le client chauve.

– Je ne sais pas… Je ne sais plus… a-t-il répondu en donnant au type les bonbons du comptoir à la place de la monnaie qu'il attendait.

Le chauve est parti sans protester. Il faut dire que mon frère faisait vraiment pitié. Appuyé au comptoir, le regard dans le vide et des valises pleines à craquer sous les yeux, j'ai vu le moment où il allait s'effondrer. Mais il s'est mis à ronfler ! Il dormait debout. J'en ai profité pour lui essuyer un peu du cambouis sur son visage et j'ai rajusté son bleu de travail et son tablier.

– Oh, comme ils sont mignons ! se sont extasiées les trois mamies.

– Le portrait craché de leurs parents ! a commenté Violette.

– Si gentils, si charmants, a complété Tête de caniche.

– Tiens, mais on ne les a pas vus aujourd'hui, a fini par remarquer Bigoudis. Ils ne sont pas là ?

Tout en terminant leurs coiffures, j'ai expliqué qu'ils étaient partis à leur concours de poésie de garage de La Tanche-sur-Soule où ils espéraient faire encore mieux que l'année d'avant, où ils avaient fini deuxièmes avec leur poème « Carburateur de mon cœur ».

– Quels artistes ! s'est exclamée Violette.

– Vous en avez de la chance, d'avoir des parents pareils ! a lancé Bigoudis, à qui j'enlevais les derniers.

Quels modèles !

– Quel modèle ? a repris mon frère en sursaut en attrapant une paire de ciseaux. Carré, frisettes ou permanen…

Il s'est arrêté en voyant la clef à molette dépasser de ma poche.

– C'est toi qui l'avais ? Mais ça fait une heure que je la cherche ! Ça ne te suffit pas, de venir mettre le bazar ici ? Il faut encore que tu me fasses des blagues pourries ! Allez, donne-moi ça et file ! Laisse-moi travailler tranquille, maintenant !

Les petites mamies ont fait comme si elles n'avaient rien entendu. Elles ont payé et elles sont parties sans rien dire.

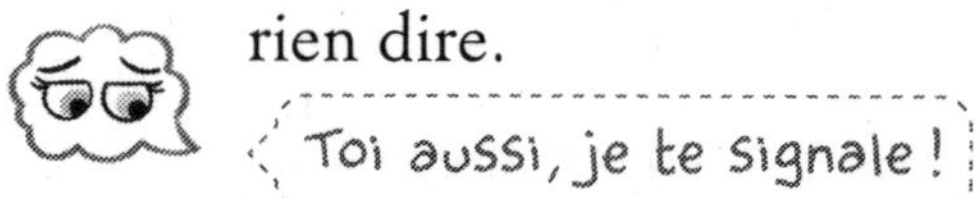

Oui. Et j'ai jeté l'éponge.

Chapitre en forme de parenthèse

Je suis allée m'enfermer dans le bureau des parents. C'est une petite cabine en hauteur, au fond du garage, avec deux mini fenêtres. Sur les murs, il y a un énorme calendrier avec des tas de rendez-vous notés, des bons de commande, des factures, des recettes de cuisine et des schémas de voitures, des listes de livres à lire et des images de mannequins avec de drôles de coiffures. Il y a aussi quelques photos. Les parents et Jean, tout petit, avec un grand sourire. Les parents et moi bébé, et Jean qui fait une drôle de tête. Les parents et nous devant le salon de thé garage librairie coiffure le jour de l'inauguration, avec un Jean qui ne rigole plus du tout. Papa et son fameux soufflé au chocolat, Maman et son fer à souder préféré. Maman et Papa avec leur deuxième prix de poésie.

Je soupire.

Dire que j'avais demandé des parents plus présents… J'aurais peut-être dû préciser « plusse » présents. Si ça se trouve, ils ne seraient plus là du tout !

Ça ne changerait pas grand-chose.
Bon, comment tu comptes te débrouiller, maintenant, avec le principal et tout ça ?

– Aucune idée…

Et si tu t'écrivais un mot d'excuse ?
Tu n'as qu'à imiter l'écriture des parents !

– Eh, c'est pas idiot, ça…

Ben oui, qu'est-ce que tu crois !
Allez, hop, au boulot !

– C'est toujours plus facile à dire qu'à faire pour toi, vu que c'est moi qui fais.

Parce que c'est moi le cerveau, dans l'histoire.

Pas la peine de se fatiguer à discuter avec la petite voix. Je me suis installée au bureau et j'ai sorti un brouillon pour m'entraîner à imiter l'écriture de mon père, plus facile que celle de ma mère. Mais c'était vraiment pas terrible…

Heureusement, j'ai trouvé une astuce très finaude. J'ai pris un papier à en-tête du salon de thé garage coiffure librairie et j'ai écrit :

Cher Monsieur le Principal,

Ma fille m'a raconté que vous lui avez dit que ça n'allait pas se passer comme ça et que vous vouliez nous voir à la première heure demain matin. Je suis désolé, mais ce ne sera pas possible. Ni à la deuxième, ni à la troisième ni à aucune autre heure d'ailleurs, puisque nous serons au concours interrégional de poésie de garage, rendez-vous incontournable de tous les poètes qui mettent les mains dans le cambouis.

Merci de ne pas renvoyer notre fille pendant notre absence. On en reparlera en rentrant la semaine prochaine (si vous êtes encore fâché contre elle à cause du chat).

Poste Scriptome :

Toutes mes excuses si ce n'est pas bien écrit et qu'on croirait que c'est ma fille qui imite mon écriture, mais je me suis coupé avec l'éplucheur à frites, coincé le petit doigt dans une portière et brûlé le pouce avec un fer à friser. Eh, non, ça ne s'invente pas ! Du coup je suis obligé d'écrire de la main droite.*

* et je suis gaucher.

Tu parles d'une astuce.
T'as qu'à rajouter qu'il s'est blessé
avec des livres aussi, pendant que tu y es !

Eh... bonne idée ! Après « fer à friser », j'ai donc rajouté :

et écrasé l'index en rangeant les dictionnaires.

Parfait !

PFFF...

Manquait plus qu'un petit coup de tampon. *Tchac !* Et voilà le travail ! Je n'avais plus qu'à ranger le bureau et cacher mes brouillons au fond de la poubelle. Ça tombait bien, la corbeille était pleine de papiers. Il y avait même une belle brochure en papier glacé. Elle venait d'une école de cinéma. Jean adorait ça, le cinéma. C'était même la seule chose qui lui donnait le sourire. Mais bon, ça faisait un moment qu'il n'avait plus vraiment le temps d'y aller, au cinéma, et qu'il s'endormait devant la télé.

Sous la brochure, il y avait un courrier déchiré. Je n'ai pas pu m'empêcher de regarder de plus près. C'était une lettre qui disait que le dossier que mon frère avait envoyé était original, personnel et très intéressant et que l'École Supérieure de l'Image en Mouvement serait honorée de l'accueillir à la rentrée prochaine.

Mais pourquoi est-ce qu'elle était déchirée ? Je l'ai soigneusement rescotchée pour pouvoir la lire en entier. L'école avait été tellement impressionnée par le projet de mon frère qu'elle lui proposait une bourse pour qu'il parte étudier là-bas ! Il ne lui restait plus que quelques jours pour donner sa réponse. Est-ce que c'était lui qui avait jeté la lettre pour ne pas laisser tomber mes parents ? Ou est-ce que mes parents l'avaient déchirée pour qu'il ne parte pas à l'autre bout du pays ?

Je n'ai pas eu le temps de mener l'enquête : Jean entrait dans le garage avec la clef à molette. J'ai vite fourré le courrier dans ma poche.

– T'es là-haut, Machine ?

– Oui…

– Je règle son compte à cette voiture et on s'en va. Prépare-toi !

Et il s'est mis à faire des bruits de clef à molette qui sonnaient plus comme une vengeance que comme une réparation. À la fin, je me suis demandé si la voiture redémarrait un jour. Mais je me suis bien gardée de poser la question à mon frère.

De toute façon, il ne décrochait pas un mot.

Au moins, comme ça,
il ne te balance pas de méchancetés.
Il est presque gentil, quand il se tait.

On est rentrés à la maison en silence et on a mangé sans un mot.

Pendant tout le dîner, j'ai cherché comment aborder le sujet de la lettre avec Jean. Mais si c'était lui qui l'avait mise à la poubelle, il ne voudrait surtout pas en parler. Alors je n'ai rien dit.

Après manger, j'ai préparé mes affaires pour le lendemain et j'ai posé le faux mot de mon père sur mon bureau pour ne pas l'oublier. Puis j'ai filé dans la salle de bain : j'avais hâte de me débarrasser de l'odeur de laque, de friture et d'essence qui me collait à la peau. Mon chat est venu faire un petit tour avec moi sous la douche, et il est sorti dès que j'ai réussi à lui décoller ses dernières paillettes. Je suis restée encore un peu, espérant que l'eau emporte aussi tous mes soucis. Ça n'a pas marché, bien sûr, mais ça m'a fait du bien quand même. Je me sentais un peu mieux. Mais ça n'a pas duré longtemps…

Parce que, quand je suis retournée dans ma chambre pour me mettre en pyjama, devinez qui j'ai trouvé, tout mouillé sur mon bureau, en train de faire sa toilette, les fesses sur ma belle fausse lettre ! Non, pas mon frère !! Mon chat, bien sûr.

Le courrier pour le principal était trempé. Les mots bavaient sur le papier. Maintenant, il était trop tard pour retourner chercher de quoi en refaire un dans le bureau de mes parents ! Alors, ce soir-là, je suis allée me coucher le ventre plein de nœuds comme des cheveux pas brossés depuis plus d'une semaine. J'ai bien prévenu les rêves que ce ne serait pas la peine de venir m'en rajouter pendant la nuit avec des expressions à la noix. Et pour plus de précaution, je me suis enfermée à double tour dans ma bulle.

Et je me suis réveillée en hurlant.

Chapitre qui part en cacahuète (mais qu'on peut lire même quand on est allergique aux fruits à coques)

J'ai hurlé comme jamais, parce qu'une voix que je ne connaissais pas était venue me glisser à l'oreille :

– Bonjour ma puce ! Allez, allez, c'est l'heure de se lever !

– Aaaaaaaaaaaaaaaaaaaaaaaaaaaaaaaaaaaaaaaa aaaaargh !

– Mais quelle idiote ! Tu lui as fait peur, la *poverinetta* ! a dit une autre voix, que je ne connaissais pas non plus, avec un léger accent chantant.

– Re-Aaaaaaaaaaaaaaaaaaaaaaaaaaaaaaaaaaaaa aaaaaaaargh !

Ils étaient deux, et ils avaient apporté les croissants. Il y avait une grande blonde maigre dans un manteau de fourrure et un petit brun tout rond avec un nœud papillon. On aurait un peu dit… Laurel et Hardy. Tout d'un coup, j'ai pensé aux deux énergumènes que Félicité avait croisés sur mon palier et que mon voisin avait fini par chasser la veille.

Les deux zozos me regardaient en souriant. Est-ce que j'étais repartie dans un rêve sans queue ni tête ?

Je me suis pincée discrètement. Ouille. Ils étaient toujours là.

Alors j'ai crié :

– JEAN ! JEAN !

– Si c'est ton frère que tu appelles, il est parti tout à l'heure, m'a indiqué Laurelle. Comme il n'a pas fermé à clef, on en a profité pour entrer.

– Avec ton petit déjeuner, a chantonné Hardi Petit en agitant le sachet de boulangerie comme des maracas.

– Arrête de le secouer comme ça ! Notre pauvre chérie n'aura plus que des miettes, sinon ! lui a reproché l'autre.

– Euh… On se connaît ? j'ai demandé, pas très rassurée.

Ils n'avaient pas l'air méchant, comme ça, mais bon, on ne sait jamais.

Laurelle est partie d'un rire à vous percer les tympans.

– Oh, pardon ! Nous avons oublié de faire les présentations ! Odile de Tessonsec ! Directrice des parfums Pûdû-Beick, s'exclame-t-elle en me tendant la main.

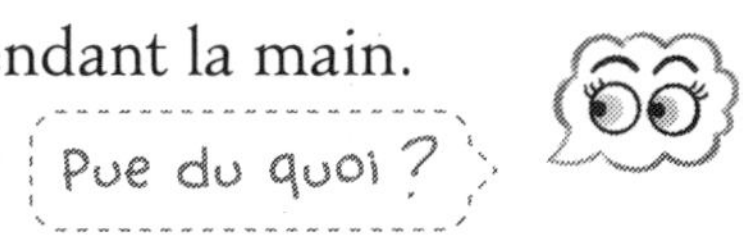

Je la lui ai serrée poliment, mais je n'y voyais pas plus clair.

– Et mon crétin d'ex-mari, a-t-elle ajouté.

– Toujours aussi aimable ! a lancé celui-ci, avant de me saluer bien bas.

Ça a l'air de lui faire mal au dos.

– Marcello Cantabello, chanteur d'opéra, pour vous servir, *signorina*.

Comme je devais toujours avoir l'air d'halluciner, Odile a précisé :

– Les parents de Gilbert.

Hein ? Quoi ?
C'est devenu une affaire de famille ?

– Il est là, lui aussi ? me suis-je inquiétée.

– Non, non, pas du tout. À cette heure-ci, il doit être à son cours de violon. Et puis nous ne sommes pas venus t'embêter, voyons, s'est-elle offusqué. Nous sommes là pour nous occuper de toi !

– Eh oui, ma délicieuse, ma toute belle, mon ange tombée des nues ! Nous sommes là rien que pour toi ! s'est exclamé son compagnon.

– Hmpf, toujours à en faire des tonnes, celui-là, a critiqué son ex-femme. Nous avons essayé de venir dès hier, mais tes voisins nous ont chassés. Tout ça à cause de ce sombre idiot qui n'a pas pu s'empêcher de chanter !

– C'est parce que tu me criais dessus, qu'ils nous ont mis dehors, vieille bique revêche ! a riposté le chanteur.

Bing, tilt, lumière : tout s'est mis en place d'un seul coup dans ma tête ! Les vocalises du pingouin ! Laurel et Hardy qui se disputent ! Des parents plus présents !

Des parents… Non mais, quel humour, ce destin !

T'es vraiment la reine des nouilles !
Tu n'aurais pas pu préciser que c'était tes parents à toi, que tu voulais ? Qu'est-ce qu'on va faire de ces boulets, maintenant ?

Ma petite voix n'était pas contente. Mais elle n'a pas osé poser la vraie question, celle qui m'angoissait rien que d'y penser : comment allait réagir Gilbert s'il apprenait que ses parents avaient visiblement décidé de m'adopter, même si je n'y étais pour rien ?

À ce moment-là, naïvement, je pensais encore que ça ne pourrait pas être pire, parce que, comme vous, je ne sais pas encore ce qui se passe après. Et si vous le savez, c'est que vous relisez cette histoire, ce qui vous donne un gros avantage sur moi à ce moment-là…

Je n'ai pas eu à attendre longtemps pour savoir comment Gilbert allait réagir. Quand il m'a vue arriver au collège avec ses parents, il a commencé par avoir peur.

Il a dû s'imaginer que je leur avais tout raconté. La fois où il m'avait pris mon tour de cou pour le jeter sur le toit du gymnase…

Ah, oui ! On le voit encore qui dépasse, ça fait comme un petit monstre mou qui surveille la cour.

La fois où il avait vidé la carafe sur mon déjeuner…

Les îles flottantes avaient quitté le plateau à la nage !

La fois où il m'avait enfermée dans le vestiaire des filles…

Je t'avais dit d'écrire « Gilbert, je ne t'aime pas du tout à la folie » sur le mur, entre « Kévin, si tu lis ce message : sors de là ! » et « Le prof de maths a une haleine d'endive moisie. »

Et puis la fois de la porte dans la tête, bien sûr.

Sans compter toutes les fois,
c'est-à-dire tous les jours, où il t'a insultée.

Mais je n'avais jamais rien dit.

Ben non, tu dis jamais rien, toi.
Alors c'est pas prêt de s'arrêter !

Oui, bon, ça va !

Ah, non, ça ne va pas,
justement !

Tu peux me laisser raconter mon histoire, s'il te plaît ? Où est-ce que j'en étais déjà ? Ah oui ! Gilbert !

Quand sa mère a entrepris de me recoiffer et que son père m'a rendu mon sac à dos, qu'il avait tenu à porter à ma place, Gilbert s'est énervé. Et là, c'est moi qui ai eu peur. Par réflexe, je me suis tournée vers Félicité qui arrivait aussi, mais elle est passée à côté de moi en faisant semblant de ne pas me voir. Je serais bien allée me réfugier à l'infirmerie, mais Gilbert venait droit sur moi.

– Maman ! Papa ! Mais qu'est-ce que vous faites avec cette débile ?

– Gilbert, ce ne sont pas des manières, l'a réprimandé sa mère.

– C'est très mal élevé, a renchéri son père.

– Tu vois, indécrottable bourrique, a dit Odile de Tessonsec à l'adresse de son ex-mari. Je te l'avais bien dit que tu avais une mauvaise influence sur ce petit !

– Parle pour toi, langue de vipère empoisonnée !

– Ah, non ! Vous n'allez pas recommencer à vous disputer ! s'est fâché leur fils. Pourquoi vous l'accompagnez au collège, elle ?

– Cette pauvre enfant était seule et abandonnée, a expliqué son père.

– Elle a cruellement besoin de parents ! a ajouté sa mère.

– Et moi alors ? gémit Gilbert.

– Toi ? Tu as un chauffeur, deux cuisinières, trois domestiques, quatre professeurs particuliers et cinq chinchillas ! Ça ne te suffit pas, peut-être ? a grondé sa mère.

– Mais moi…

– Moi, moi, moi, toujours moi, l'a coupé son père. Tu ne penses qu'à toi ! Tu es bien le fils de ta mère !

– Ha ! Venant d'un chanteur d'opéra qui préfère tourner dans le monde entier plutôt que de passer du temps avec sa famille, c'est vraiment très amusant ! a rétorqué son ex-femme.

– Et c'est reparti, j'ai soupiré.

– Oh, toi, sale voleuse de parents, on t'a pas sonné ! s'est emporté Gilbert.

Qui c'est que tu traites de voleuse ?
T'as qu'à les reprendre, tes parents tout pourris !

– Gilbert Cantabello de Tessonsec ! a crié sa mère. Si je t'entends encore une fois insulter cette pauvre chérie, tu peux faire une croix sur le piano à queue pour ton anniversaire !

– Et sur ton week-end à Rome ! a ajouté son père.

– M'en fiche. De toute façon, c'est pas ça que je voulais comme cadeaux, a marmonné Gilbert avant de s'éloigner.

Vous allez me dire que je suis encore trop gentille…

Carrément !

… mais je n'ai pas pu m'empêcher d'avoir de la peine pour Gilbert. Et puis, je n'y étais pour rien, moi. Je n'avais rien demandé !

Ben, si, je te rappelle !

Oui, enfin, je ne l'avais pas fait exprès !

J'ai essayé de m'éclipser en annonçant que je devais voir le principal. Sauf que les parents de Gilbert ont tenu à m'accompagner à son bureau… Heureusement, son secrétaire m'a informée qu'il avait eu une urgence et qu'il ne serait pas là de la journée. Avec un peu de chance, il allait m'oublier…

Compte dessus et bois de l'eau fraîche !

Je n'avais plus qu'à expliquer à mes deux boulets qu'ils ne pouvaient pas venir avec moi en cours et j'aurais gagné quelques heures de répit. Mais je n'avais pas ouvert la bouche que ma prof d'histoire me tombait dessus dans le couloir (au sens propre et au sens figuré, parce qu'elle avait le nez dans ses papiers et qu'elle ne m'avait pas vue).

Heureusement que c'est un vrai sac d'os. Si elle avait été aussi grosse que ma prof de sport, je serais morte écrabouillée. Ça m'a fait mal quand même, mais elle ne s'est même pas excusée :

– Aïeu! Qu'est-ce que tu fais plantée là, Léoliam ? Tu devrais être dans le car ! On part dans cinq minutes !

– Quel car ? a tout de suite demandé Odile.

– Pour le musée ! Vous êtes avec Léoliam ? Vous faites partie des accompagnateurs ? s'est renseignée ma prof.

– Bien sûr ! a lancé Marcello.

– C'est curieux, je ne vous avais pas notés… Mais ça tombe bien ! On a eu un désistement. Montez vite dans le car ! J'arrive dans une minute.

La sortie scolaire ! J'avais complètement oublié ! Les parents de Gilbert avaient l'air ravis de pouvoir m'accompagner. Adieu, matinée tranquille !

Une fois installée, j'aurais aimé me faire toute petite, mais Marcello chantait à pleins poumons et Odile remontait l'allée comme si elle défilait sur un podium.

Visiblement impressionnés, mes camarades poussaient des « oh ! » et des « ah ! » et des « qu'est-ce qu'elle est élégante ! » et des « qu'est-ce qu'il chante bien ! ».

Même la conductrice semblait sous le charme. Il faut dire que le son sortait mieux de Marcello que de son poste de radio.

Et quand on est passés devant une affiche avec la tête de Marcello en grand format pour son concert à l'opéra, toute la classe a voulu un autographe. Comme Odile ne voulait pas qu'il lui vole la vedette, elle s'est mise à distribuer des tas d'échantillons des produits Pûdû-Beick : *Essence d'élégance*, *Divin Parfum, Crème de la crème*. Tout le monde était fou de joie.

Il n'y avait que deux élèves qui n'étaient pas conquis. Félicité, qui jetait des regards noirs à ces parents qu'elle ne connaissait pas, mais qui s'est bien gardée d'intervenir. Et Gilbert, bien sûr, qui bouillonnait de colère.

Et les bouillons de colère,
c'est vraiment pas bon !

Ensuite, Marcello a fait chanter toute la classe, et le trajet jusqu'au musée est passé très vite. Heureusement, d'ailleurs, parce que le mélange des échantillons Pûdû-Beick commençait à me donner mal au cœur.

– Finalement, ça pourrait être pire, j'ai pensé.

Mouais, attends de voir !

Des fois, je me dis que la petite voix a déjà lu toute l'histoire…

Au début de la visite, on a été répartis en petits groupes pour visiter le rez-de-chaussée, et tout s'est bien passé. Quand on s'est rassemblés en bas de l'escalier avant de monter au premier, tout le monde est venu me voir pour me dire que j'avais des parents formidables, même la prof d'histoire, même le guide.

Je n'ai pas eu besoin de rectifier, c'est un Gilbert vert de rage, assorti au paysage accroché derrière lui, qui s'en est chargé :

– Ce sont MES parents ! Pas les siens ! Vous entendez ? Les MIENS !

Le guide a froncé les sourcils et a fait signe à Gilbert de parler moins fort, histoire, sans doute, de ne pas réveiller les fossiles de la salle d'à côté. Ses parents lui ont fait les gros yeux et il s'est mis à ruminer dans son coin.

C'est quand on est arrivés dans la salle des Antiquités que tout a commencé. « Tout », c'est une façon de résumer pourquoi le musée n'est pas près de rouvrir de sitôt…

Quand le guide a voulu nous présenter le joyau des collections de l'Antiquité du musée, le sarcophage de Toultan Ladedan, Odile s'est mise à ricaner.

– Excusez-moi, mais il y a de quoi rire ! a-t-elle lancé. Quand on sait que le sarcophage est vide…

– Pardon ? a suffoqué le guide.

– Mais oui ! Ne faites pas l'innocent. Mon amie Geneviève de la Fange aux Gorets, qui est la plus généreuse donatrice de ce musée, m'a confié qu'il était tout ce qu'il y a de plus vide. Ça fait belle lurette que Toultan Ladedan n'y est plus. Vous vous êtes fait rouler quand vous l'avez acheté.

– Mais enfin, madame… Je vous assure que…

– Vous n'avez qu'à l'ouvrir, vous verrez bien !

– Impossible ! Cela fait des siècles que le sarcophage est fermé. Si on l'ouvre, on risque d'endommager la momie à tout jamais !

– Billevesées ! Et je vais vous le prouver, a annoncé Odile de Tessonsec en ouvrant d'un coup le sarcophage ancien.

Tout le monde s'est figé. Une forme sombre est sortie au ralenti du sarcophage et s'est affalée au sol dans un nuage de poussière. La momie n'était plus qu'un puzzle géant.

Le guide s'est évanoui et la prof d'histoire est restée pétrifiée. J'ai vu le moment où Odile hésitait à la fourrer dans le sarcophage à la place de la momie.

– Euh, quelqu'un aurait du scotch ? a-t-elle demandé.

– Encore une mauvaise blague de ta grande amie Geneviève, a commenté Marcello. Tu as toujours eu le chic pour t'entourer de crétines.

– Tu peux parler, toi ! Des amis, tu n'en as pas ! a-t-elle réagi au quart de tour. On se demande bien pourquoi, hein, vieux crabe mal farci !

– Oh ! Vieille asperge rabougrie !

– Chaussette pourrie !

– Pustulente pétoncle !

– Pédoncule atrophié !

Et ils ont continué à s'échanger des gentillesses à la vitesse d'une finale olympique de ping-pong. On aurait dit que plus rien ne pourrait les arrêter.

Tout le monde s'est tourné vers Gilbert, même le guide et la prof qui avaient retrouvé leurs esprits. Ses parents n'avaient plus du tout la cote.

Il est entré dans une colère noire et m'a fusillée du regard. Puis il s'est mis à courir dans la pièce d'à côté, où était exposé un sablier géant censé représenter le temps qui passe. Aveuglé par la fureur, Gilbert s'est cogné contre le sablier, qui a vacillé. Tout le monde a retenu son souffle. Heureusement, l'immense structure en verre a fini par s'immobiliser. En revanche, on a bien vu se dessiner une fissure tout le long. Quelques secondes après, le sablier a éclaté dans une pluie de verre, libérant une avalanche de milliards de billes qui ont déferlé dans tout le musée.

On s'est abrités comme on a pu : certains sont montés sur des socles de statues, d'autres se sont agrippés à des hallebardes, suspendus à des lustres, accrochés aux

tapisseries… La prof a essayé de se rattraper comme elle a pu à un tableau champêtre intitulé *Placides bovins*.

Elle a juste eu le temps de crier :

– Oh, la vache !

Et puis elle a été emportée avec son troupeau par le flot de billes qui dévalait l'escalier dans un bruit de tonnerre.

Quand la dernière des petites boules de verre s'est arrêtée, on n'a plus entendu que le match Tessonsec-Cantabello, plus déchaînés que jamais.

– Triple truffe !

– Horrible crocodile !

Ils hurlaient tellement que je n'ai pas entendu Gilbert qui s'approchait, armé d'un défibrillateur.

Pour celles et ceux qui ne le sauraient pas, un défibrillateur cardiaque est un outil de secours d'urgence qui permet d'envoyer de grosses décharges électriques. On en voit un peu partout dans les lieux publics, les trains, les salles de spectacle, les musées. Si on suit bien les règles à respecter, grâce à lui, on peut sauver des vies. La première règle à respecter, c'est qu'il faut toujours commencer par appeler les secours. Ensuite, il ne faut s'en servir que pour sauver des gens. N'est-ce pas, Gilbert ?

– Tu vas le payer très cher, 4L !

– Mais… je n'ai que deux euros sur moi, j'ai bredouillé.

Super drôle ! C'est tout ce que tu as trouvé pour l'arrêter ? Tu voulais le faire mourir de rire, ou quoi ?

On se parlait, avec la petite voix, mais Gilbert a pris ça pour lui.

– Ça ne me fait pas rire du tout ! Et maintenant, prépare-toi à mourir !

Gilbert s'est encore rapproché et le défibrillateur a fait *krchtss-kriii*.

Alors j'ai pensé à la première règle et j'ai crié :

– Au secours !

Chapitre qui est reparti pour un tour

Et là, ça a fait *pchouffffff*. Et puis *zgra-itch*. Et puis *bam* !

Vous avez vu, je ne vous ai pas fait le coup du suspense qui dure pendant des heures. Je vous ai tout mis direct en début de chapitre. Certains diront peut-être que ça a plus fait *pschitt*, puis *zagaza*, puis *vlan*, mais je pense avoir été assez précise. De toute façon, ça ne change rien au résultat : Gilbert était étendu raide par terre.

Parce qu'au moment où Gilbert s'approchait de moi, prêt à m'électrocuter, il s'est mis à pleuvoir dans le musée. Le système anti-incendie s'était déclenché. Et l'eau et l'électricité, en plus de faire de drôles de bruits, ça donne de sacrées décharges. Gilbert a été secoué de la tête aux pieds. Et il s'est écroulé.

Derrière moi, quelqu'un a poussé un hurlement.

– Gilbert !

C'était Odile de Tessonsec qui courait vers son fils inanimé.

Paniquée, elle m'a demandé :

– Qu'est-ce que tu lui as fait ?

J'ai bafouillé.

– Moi ? Mais… Je…

– Au secours ! a-t-elle crié. Mon fils a été assassiné !

Marcello de Cantabello est arrivé aussitôt et s'est agenouillé près de Gilbert.

– Mais non, il respire encore. Qu'est-ce qui s'est passé ?

– C'est elle ! a meuglé l'horrible Odile. Elle l'a électrocuté !

– Mais je n'ai rien fait ! C'est lui qui…

– Ça suffit ! m'a coupée la mégère. Qu'on l'arrête sur-le-champ ! Tiens ! Justement ! Voilà la police.

Un officier s'est approché de nous.

– Msieu'dames. C'est vous qui nous avez appelés, rapport à une momie ?

– Momie vous-même, espèce de malotru ! s'est emportée Odile.

– Mes excuses, madame, je parlais d'un pharaon... Toutan... miettes... si j'ai bien compris.

– On se fiche de ce vieux machin desséché ! a-t-elle répliqué. Vous feriez mieux d'emmener cette... cette...

Le policier a regardé autour de lui, interloqué. Il a suivi le regard d'Odile et a montré une corbeille de fruits en céramique derrière moi.

– Mais non, pas ça ! Cette...

Il a désigné une grande poterie chinoise à ma droite.

– Roooh, mais vous le faites exprès, ou quoi ? Cette...

Devant l'air désemparé de l'agent de police, Marcello est intervenu.

– Veuillez excuser mon ex-femme, je vous prie. Elle est tellement bouleversée qu'elle n'arrive même plus à insulter cette petite. C'est à cause de notre fils...

– En effet, il n'a pas l'air en forme, votre fiston, a constaté l'agent en regardant Gilbert, qui avait repris connaissance, mais claquait des dents. Vaudrait peut-être mieux l'emmener se faire examiner.

– Où… où suis-je ? a bégayé Gilbert.

– Cette… perfide orpheline lui a grillé le cerveau ! s'est exclamée Odile en me foudroyant du regard.

– Je vous jure que je n'ai rien fait ! j'ai protesté.

– C'est ce qu'on va voir… a grogné le policier, qui commençait à trouver toutes ces histoires un peu bizarres.

Il s'est tourné vers moi et m'a regardé avec de gros yeux.

— Suivez-moi, mademoiselle ! m'a-t-il ordonné.

J'ai obéi sans rien dire, mais Félicité s'est précipitée vers nous. Puis elle a demandé au policier où est-ce qu'il comptait m'emmener comme ça.

– Au commissariat.

– Pourquoi ? s'est emportée Félicité.

– Pour démontage de momie, bazardage de musée et friturage de cervelle.

– Mais ce n'est pas elle !

– Ah bon ? C'est toi peut-être ? il lui a lancé, en lui faisant le coup des gros yeux.

– Non, mais…

Je l'ai coupée :

– Laisse tomber… Tu veux qu'il t'emmène, toi aussi ?

Elle m'a balancé :

– Très bien. Surtout, continue à ne rien dire et à tout prendre sur toi ! C'est sûr que, comme ça, tout va s'arranger !

Et Félicité est partie.

– Tu vois que c'est dangereux de parler ! j'ai bredouillé.

Tu as déjà bredouillé p. 90.
Tu pourrais quand même enrichir ton vocabulaire !

Après, je ne me rappelle plus très bien. Je sais juste que j'ai pensé :

– Heureusement qu'il pleut encore dans le musée !

Parce que, comme ça, personne ne me voyait pleurer.

Chapitre qui ne voit pas comment il va s'en sortir

Voilà comment je me suis retrouvée devant le commissaire Altela avec un sandwich aux cornichons. Vu qu'il m'avait fait rater le déjeuner, le policier qui m'avait emmenée jusqu'ici était allé m'en chercher un à la boulangerie. C'est mes préférés comme ça, sans rien, ou alors juste un peu de moutarde, parce que ça croque et ça pique en même temps.

Entre deux bouchées, j'ai dû tout re-répéter au commissaire qui avait un problème de communication avec ses oreilles, vu qu'il n'arrivait pas à les croire.

– Tu dis que Gilbert a voulu te tuer avec un défibrillateur parce que sa mère avait désintégré la momie du musée et que son père l'avait traitée de légume ratatiné, et qu'il a été électrocuté par de la pluie dans le musée, c'est bien ça ?

J'ai fait oui de la tête, parce que c'est malpoli de parler la bouche pleine.

– D'aaaaccooord, il a dit, avec une tête de pas trop d'accord. Et tes parents ne sont pas joignables ?

– Ah, jamais quand ils composent des poèmes !

– Et ton frère ne répond pas ?

– Non, parce qu'il ne connaît pas votre numéro.

– Bien. Qu'est-ce qu'on va faire de toi alors ?

– Ben, si je pouvais…

Mais le commissaire m'a interrompue :

– Ce n'était pas une vraie question.

Il a pris son téléphone, a appuyé sur deux boutons, puis il s'est mis à parler :

– Allô ? Allez me chercher le frère de la gamine, qu'on règle cette histoire, et qu'elle me débarrasse le plancher.

Je n'ai pas bien compris ce qu'il voulait dire : il n'y avait rien par terre et j'avais fait bien attention à ne pas faire de miettes. Mais ça n'avait pas l'air sympa. Alors j'ai attendu mon frère sans rien dire.

Pour changer…

– Toi, tu cherches les ennuis ! j'ai prévenu la petite voix.

– Plaît-il ? m'a demandé le commissaire en me faisant des yeux encore plus gros que le policier.

– Euh… rien, rien, désolée.

Le commissaire n'a pas eu l'air d'apprécier. Et quand mon frère est arrivé, je ne sais pas trop ce qu'ils se sont raconté, mais Jean est sorti rouge de colère contre moi.

Dès qu'on a quitté le commissariat, il s'est mis à me hurler dessus comme jamais. Mais franchement, c'était tellement terrible que je n'ai même pas envie d'en parler.

Moi, je peux, si vous voulez !
Alors il lui a dit…

– Non merci !

Quand on est rentrés, Jean s'est enfermé dans la cuisine et il a appelé des tas de gens pour essayer de joindre nos parents. Il criait dans le téléphone.

Je l'avais assez entendu beugler pour le reste de ma vie, alors je suis allée me réfugier dans ma chambre.

J'ai essayé de rentrer dans ma bulle, mais je n'ai pas pu m'empêcher de penser à Gilbert. Est-ce que je lui avais vraiment carbonisé la tête ?

La petite voix a pris celle de Félicité pour me dire :

Ce n'était pas de ta faute, enfin !

Mais ça ne m'a pas consolée. Qu'est-ce qu'il allait faire avec un cerveau calciné, Gilbert ? Et moi, qu'est-ce que j'allais devenir ?

Sur mon lit, j'ai pris l'oreiller que m'avait tricoté ma grand-mère chérie. Vous vous souvenez, celle dont je vous ai parlé au début de l'histoire. Celle qui me manquait terriblement. J'ai serré l'oreiller fort contre moi et j'ai murmuré :

– Grand-mère… Si seulement, si seulement tu étais encore là !

Chapitre qui préfère ne pas voir ça

Quand je me suis réveillée le lendemain matin, ça sentait comme… j'espère que jamais de votre vie vous n'aurez à sentir ça. Ça sentait tellement mauvais que mon chat a essayé de creuser un tunnel dans la moquette de ma chambre pour s'enfuir.

Moi, je suis restée pétrifiée par ce que je voyais. Un drôle de petit machin avec des cheveux blancs, des taches vertes et un sourire déglingué.

D'une voix rauque et rouillée, elle a dit :

– Ma petite chérie.

– Grand-mère ?!

Elle était revenue, et moi, j'en revenais pas. C'était impossible… Pourtant, elle était là. Enfin, ce qu'elle était devenue depuis qu'on l'avait enterrée.

Des tas de questions s'entrechoquaient dans ma tête : « Comment vont réagir mes parents ? Où est-ce qu'on va la mettre ? Ça existe, le déodorant pour zombies ? Pourquoi je ne peux pas m'empêcher de faire des vœux de travers ? »

Je ne savais pas du tout quoi dire, alors j'ai bafouillé :

– Excuse-moi, c'est que… je ne t'avais pas reconnue… sans tes lunettes… Tu… tu vas bien ?

– Toi, comment tu vas ?

Ça, c'était ma grand-mère tout craché, à retourner les questions plutôt que d'y répondre.

– Moi, c'est pas important. Toi… Tu as besoin de quelque chose ? Tu as faim ? Tu as froid ?

Elle a rigolé. De ce petit rire que j'adorais et qui lui secouait légèrement les épaules.

– Ne t'inquiète pas pour moi : je ne risque plus rien. Et toi, tu as faim ? Je vais te préparer le petit déjeuner.

Puis elle est allée dans la cuisine en traînant sa jambe droite, que la mort n'avait pas arrangée.

Au grand soulagement de mon chat, j'ai ouvert toutes les fenêtres de l'appartement, avant de m'asseoir à la table de la cuisine. Et je l'ai regardée, ma grand-mère que j'aimais tant. On aurait dit qu'elle risquait de tomber en mille morceaux à tout moment.

C'était tellement bizarre de la voir là, chez moi, chez les vivants, si menue, si fragile, comme si sa nouvelle vie ne tenait qu'à un fil.

J'ai murmuré :

– Tu m'as tellement manqué.

– Je sais, ma chérie. C'est pour ça que je suis là.

Elle fredonnait une petite chanson, avec une voix de grenouille enrouée.

– Tu n'as pas très bonne mine : je vais te faire une petite salade de fruits.

Elle non plus, elle n'avait pas bonne mine, mais vous pensez bien que je ne lui ai rien dit. Même la petite voix se tenait tranquille dans ma tête. Le coup de la mémé zombie, ça lui avait coupé le sifflet.

Ma grand-mère a enlevé un fruit pourri de la corbeille et, pendant un moment horrible, j'ai cru que c'était un petit morceau d'elle qui s'était détaché.

– Je n'ai pas faim, j'ai dit.

Elle a soupiré.

– Comme tu veux. Mais ça te ferait du bien de manger. Et de te reposer. Et qu'on s'occupe de toi. Où est-ce qu'ils sont encore passés, tes vauriens de parents ? Je n'arrêtais pas de leur dire, moi, que tu avais besoin d'eux. Mais ils me répondaient qu'ils travaillaient comme des fous pour que vous ne manquiez de rien. Sauf qu'il te manque le plus important, à toi…

Plic, ploc. De petites larmes à moi tombaient sur mon assiette vide.

Ma grand-mère a posé une main verdâtre sur mon épaule. J'ai sursauté.

– Je ne te propose pas de te faire un câlin, j'imagine… a-t-elle regretté.

– Euh…

– Je comprends… a-t-elle commencé, mais je ne l'ai pas laissée finir.

Je l'ai prise dans mes bras (en essayant de ne pas respirer) et je l'ai serrée (pas trop fort, pour pas l'abîmer) et je lui ai dit tout ce que je m'étais répété dans ma tête depuis qu'elle était morte et que je regrettais de ne jamais lui avoir dit.

Je crois qu'elle a souri (difficile à dire, avec sa drôle de bouche).

Je l'ai serrée un peu plus fort et je lui ai demandé :

– Est-ce que… Est-ce que tu risques de remourir ?

Elle m'a regardée tristement, avant de me répondre par une autre question :

– Est-ce que tu penses que c'est ça, revivre ?

Ça m'a flanqué un coup dans l'estomac. C'est moi qui l'avais tirée de son après, moi qui l'avais forcée à revenir dans cet état. Moi qui en avais fait une morte-vivante. Je ne pouvais pas la laisser comme ça.

Je ne connaissais qu'une personne qui pouvait m'aider : Mme Tamalo.

– Grand-mère, il faut que je file au collège. Mais toi, tu restes là, d'accord ? Et je t'en supplie, tu ne remeurs pas pendant mon absence !

– Je vais essayer…

Je lui ai envoyé un bisou de loin et j'ai foncé au collège.

Je n'avais pas fait trois pas dans la cour que le principal s'est planté devant moi.

– Vous avez du culot de revenir ici, vous !

– Moi ?

– Oui, vous ! Et ne faites pas l'innocente ! Vous pensez peut-être que je ne suis pas au courant de tout ce qui s'est passé, hier ? Au musée ?

Autour de nous, les élèves commençaient à se rassembler.

– Gilbert Cantabello de Tessonsec est à l'hôpital à l'heure qu'il est ! Il a complètement perdu la mémoire ! Sa mère a déposé plainte contre vous et contre le collège ! Même pas besoin de convoquer un conseil de discipline pour vous annoncer que vous êtes renvoyée ! Allez, dehors ! Tout de suite ! Et qu'on ne vous revoie plus jamais ici ! Compris ?

Tous les yeux étaient fixés sur moi. Alors, comme ça, quand je me faisais harceler dans la cour, tout le monde regardait ailleurs, mais quand le principal me criait dessus comme sur du poisson pourri qu'on voudrait pas l'adresse de sa poissonnière, tout le monde venait au spectacle !

J'ai senti monter en moi une colère terrible, et j'ai eu du mal à me contenir. Mais il fallait absolument que je voie Mme Tamalo !

J'ai marmonné :

– Compris...

Et puis j'ai fait semblant de partir. Sur le chemin, on me bousculait, on se moquait de moi, et la rage me mangeait de l'intérieur. C'est là que j'ai croisé Félicité.

Avec un petit air supérieur, elle m'a lâché :

– Alors, c'est ça que tu voulais ? T'es contente ? T'attends quoi, pour te défendre ? D'être morte ?

Là, j'ai explosé.

– ÇA SUFFIT MAINTENANT ! STOP ! ON ARRÊTE TOUT !

Et tout s'est arrêté. Absolument tout. Même le temps.

Les élèves dans la cour, les voitures dans la rue, les oiseaux dans le ciel : tout est resté figé.

Sauf moi…

Chapitre qui se met sur pause

Ma colère est retombée comme un soufflé qui refroidit.

C'était incroyable de me retrouver au milieu de ce monde à l'arrêt. Incroyable, et terrifiant.

Alors là, bravo !

– C'est moi qui ai fait ça ?

Ben qui veux-tu que ce soit ?

– Oh, toi, tais-toi, petite mégère ! Tout ce que tu sais faire, c'est critiquer et te moquer de moi ! C'est facile de rester bien au chaud, là-haut, à faire des commentaires ! Vas-y, descends un peu pour voir ! Alors ? J'attends ! Ouais, c'est bien ce que je pensais ! Y a plus personne ! Maintenant, laisse-moi faire. Je ne veux plus t'entendre !

La petite voix en est restée... sans voix. Ça me faisait des vacances. La situation était déjà assez compliquée comme ça : et si le monde restait figé pour toujours ?

J'ai appuyé sur un ballon suspendu en l'air et il est tombé par terre. Il a rebondi, puis il a roulé se cacher sous un banc de la cour. Il devait en avoir marre de se prendre des coups à toutes les récrés.

– Tiens, tiens... Peut-être que...

Vous avez vu ? Ça fait bizarre, quand la petite voix ne s'en mêle pas.

En fait, c'est comme si j'étais entrée dans une bulle gigantesque. Un temps hors du temps. Un espace à part. Mais je ne comptais pas y passer ma vie !

Je me suis mise à slalomer à fond entre les gens pétrifiés, jusqu'à l'infirmerie. J'espérais que Mme Tamalo aurait échappé à l'immobilisation générale. Mais non. Elle était figée comme les autres, pinçant le nez de Charlie pour qu'il arrête de saigner. Il y avait aussi Bryan, sourcils ratiboisés, cheveux roussis. Il avait encore dû jouer trop près du bec Bunsen. Et puis un

drôle de lot d'élèves du club d'échecs, collés à leur table et leurs chaises. Ça sentait la mauvaise blague et la colle forte.

Mme Tamalo avait l'air très fatiguée. Elle avait le teint pâle, les traits tirés, et des petites gouttes de sueur sur le front. Alors j'ai mouillé une compresse pour lui passer doucement sur le visage, et je lui ai dit :

– Franchement, je vous admire, vous savez.

– Merci Léoliam !

Elle rebougeait ! J'en ai lâché ma compresse.

– Qu'est-ce que c'est que ce nouveau bazar ? elle a demandé en regardant autour d'elle.

Là, je ne sais pas pourquoi, peut-être parce que c'était elle, que je l'aimais bien et que je lui faisais confiance, et puis qu'on avait le temps, mais je lui ai tout raconté. Depuis le début. Et un peu plus. Elle m'a écoutée de toutes ses oreilles, sans m'arrêter.

– Vous croyez que vous pourrez m'aider, pour ma grand-mère ?

– Si elle a mal à la tête ou le nez qui coule, oui. Sinon, j'ai bien peur que non, tu sais…

J'ai baissé la tête.

– Mais toi, peut-être que je peux t'aider un peu. Si tu veux bien.

J'ai murmuré :

– Oui, s'il vous plaît.

Alors, doucement, elle m'a chuchoté des tas de gentils conseils.

– Tu ne peux plus continuer à tout accepter, à tout prendre sur toi, a-t-elle conclu. Regarde un peu le résultat ! Il est temps de te libérer de ta tristesse et de ta colère.

J'allais sortir quand elle m'a lancé en rigolant :

– Et le jour où tu auras envie de refaire des vœux de travers, viens me donner un coup de main ici. Tu pourras toujours demander aux zozos de se tenir tranquilles !

En fermant la porte de l'infirmerie, j'ai inspiré un grand coup. Et je suis allée voir Félicité, qui ne bougeait toujours pas.

J'ai enlevé un chewing-gum qui s'était collé à la roue de son fauteuil, et je lui ai demandé :

– C'est quoi, pour toi, une amie ? Je sais bien que tu ne peux pas me répondre. Mais réfléchis. Qu'est-ce qui me fait le plus mal, à ton avis ? Que Gilbert passe son temps à me harceler, ou que tu passes le tien à m'enfoncer ? Qu'il me claque une porte dans la tête, ou que tu claques celle de chez moi pour m'abandonner ?

J'ai ramené une tresse sur son épaule et, là, j'ai vu une petite larme couler sur sa joue.

– Excuse-moi, Léli. J'ai été dure avec toi, c'est vrai. Mais je ne t'ai pas abandonnée ! L'alarme incendie, c'était moi...

– Au musée ? C'est toi qui l'as déclenchée ?

– Oui, avoue Félicité. Je ne savais pas quoi faire pour arrêter Gilbert. Mais je ne voulais pas l'électrocuter !

– En tout cas, tu m'as sauvé la vie ! Merci ! Mais… Est-ce que je peux te poser une question ?

– Bien sûr ! Mais tu n'es pas obligée de me demander la permission !

– Pourquoi tu es tout le temps en colère contre moi ?

– Tu sais, tous les jours, je dois me battre contre des gens qui se moquent de moi, à cause de mon handicap. Depuis toute petite. Alors je crois que je ne comprends pas que toi, tu te laisses faire. Ça me rend dingue ! Et puis, je sens qu'il y a plein de choses que tu ne me dis pas. J'ai l'impression que tu ne me fais pas confiance. Que tu ne me considères pas comme ton amie… Mais je ne voulais pas t'en rajouter. Je suis désolée…

– Félicité, tu es ma meilleure amie. C'est juste que je ne voulais pas t'embêter avec mes problèmes. Ils sont devenus tellement énormes ! Regarde autour de toi. Tout ça, c'est ma faute ! Il faut absolument que j'arrive à tout arranger.

Fascinée, Félicité a contemplé le monde figé.

– Tu as besoin d'aide ? m'a-t-elle enfin demandé.

– Cette fois, il faut que je m'en occupe toute seule. Mais promis, après, je te raconterai tout. Et je te jure que ce n'est pas moi qui ai détruit ta maquette !

– On ne va pas rester fâchés pour un petit bout d'intestin alors que le monde s'est arrêté de tourner, a sagement conclu Félicité.

Ça nous a fait rigoler. C'était bon de rire avec ma copine. Ça faisait longtemps que ça ne nous était pas arrivé.

– Allez, file ! m'a dit mon amie. Tu as encore un sacré paquet de trucs à régler !

Alors je l'ai laissée et je suis sortie du collège. J'ai eu l'impression de redécouvrir mon quartier. De me promener sur un plateau de cinéma où des figurants attendaient leur tour.

Un vieux monsieur qui arrosait ses plantes au balcon, avec des gouttes d'eau en suspension.

Un chien qui avait hâte d'emmener son maître se promener en forêt.

Le boulanger devant sa fournée, les joues gonflées d'un air qu'il n'avait pas fini de siffler.

La marchande de journaux qui triait ses cartes postales par couleur.

L'horlogère concentrée sur ses vieux mécanismes à remonter.

Il y avait aussi un chat stoppé en l'air, prêt à attraper un petit moineau. J'ai touché l'oiseau qui s'est enfui à tire-d'aile. Et j'ai caressé le chat qui est retombé sur ses pattes et m'a jeté un regard du genre non-mais-de-quoi-je-me-mêle.

Un peu plus haut, un pigeon s'était lâché et sa fiente était restée suspendue juste au-dessus du manteau de fourrure d'une grande femme à l'air pincé. Cette fois, je ne suis pas intervenue.

Et puis, il y avait tous ces gens dans leurs voitures. Ceux qui rêvassaient, ceux qui bavassaient, ceux qui décoiffaient, ceux qui se recoiffaient, ceux qui chantaient, ceux qui klaxonnaient, ceux qui voyaient rouge et passaient à l'orange.

Et ces deux-là, qui… Ces deux-là ! Mais, c'étaient mes parents ! Ils avaient l'air bien tranquilles, bien contents. Il faut dire que sur le siège arrière, à ma place, il y avait un énorme trophée en forme de chose moche, avec écrit : « Premier Prix ».

La moutarde de mon sandwich aux cornichons de la veille m'est remontée au nez d'un coup. Avec une furieuse envie de leur crier dessus. Mais bon, crier, ça ne sert à rien. Alors j'ai eu une idée.

Le coffre de la voiture est toujours plein de trucs et de machins pour leur travail. J'étais sûre de trouver ce qu'il me fallait. Boîtes à biscuits bigoudis, huile de friture-moteur, shampoing marque-page, etc. Ah, là ! Un énorme morceau de savon au piment d'Espelette. Un savon qui pique : parfait ! J'allais leur faire le coup du pied de la lettre, histoire qu'ils comprennent bien le message. J'ai attrapé la bouteille d'eau sous les pieds de mon père et je me suis mise au travail. C'est que j'avais un sacré savon à leur passer ! Et je l'ai passé partout, des rétros au pot d'échappement et jusque sous le capot, en passant par le volant, mais en faisant attention de ne pas toucher mes parents pour qu'ils ne se remettent pas à bouger. Je voulais qu'ils prennent bien le temps de réfléchir à ce

qu'ils avaient fait. Après ce grand nettoyage, ils allaient peut-être y voir plus clair.

Quand j'ai eu fini, je leur ai balancé le reste de savon avec un regard noir. Je les ai fixés bien droit dans les yeux tous les deux. Ils me voyaient parfaitement, et ils ne faisaient pas les fiers. Il n'y avait plus qu'à espérer que le message savon était passé.

Mais le plus dur restait à faire. Il fallait que j'aille retrouver ma grand-mère. Avant de remonter chez moi, j'ai cueilli quelques fleurs figées. Dès que je les touchais, leurs pétales ondulaient. Elles reprenaient vie, et moi, un peu d'espoir.

En arrivant sur le palier, j'ai vu mon frère, juste devant la porte. Il devait chercher ses clefs dans sa poche quand tout s'est arrêté. Il avait l'air fâché, tendu. Je me suis approchée et voilà ce que je lui ai glissé à l'oreille :

– Je sais que tu crois que c'est à cause de moi que les parents travaillent tout le temps, pour avoir les moyens d'élever « leur petite princesse », comme tu dis. Mais je ne les vois jamais ! Toi, au moins, tu les as eus pour toi tout seul pendant huit ans. Moi, je n'ai pas eu cette chance. Et j'en ai assez que tu te défoules sur moi. Ce n'est pas à cause de moi que tu ne peux pas faire de cinéma ! Si tu as des choses à leur dire, vas-y : ils sont coincés dans la voiture, juste en bas. Tu peux même leur passer un reste de savon si tu veux.

Je me suis hissée sur la pointe des pieds pour lui faire un petit bisou et il s'est ramolli d'un coup. Alors je lui ai tendu sa lettre d'acceptation de l'école de cinéma, toute bien rescotchée. Il m'a regardée longtemps sans rien dire, l'air penaud. Puis il a bafouillé :

– Merci… suis désolé… petite sœur…

Après, il s'est redressé comme un jeune coq qui se prépare au combat et il a descendu l'escalier, remonté à bloc.

Des fois, comme là, il y a des expressions qui se contredisent. Et d'autres qui s'opposent. Moi, j'aurais bien aimé garder le meilleur pour la fin. Mais je savais bien que le pire restait à venir…

J'ai ouvert la porte doucement. J'avais tellement peur que ma grand-mère soit remorte… Mais non. Elle était là, dans le salon. Elle ne m'avait pas entendue entrer et elle regardait les photos de famille sur les murs. Elle avait l'air heureuse et triste à la fois. Je ne sais pas combien de temps je suis restée comme ça, à l'observer, à profiter du moindre instant. Et puis je me suis approchée.

– Tu n'as pas été figée comme tout le monde ?

– Non. Le temps n'a plus de prise sur moi. Mais…

– Oui, je sais. Tu ne peux pas rester…

Et là, j'ai pleuré des tas et des tas de petites larmes, toutes celles qui n'avaient pas osé, qui n'avaient pas su sortir, et qui m'étaient restées sur le cœur à l'étouffer.

– Ma chérie, tu sais, moi aussi je voulais te dire des choses avant de partir. Alors écoute-moi bien.

Je l'ai écoutée, comme jamais. Tous ses mots, tendres et précieux. Un par un. Rien qu'à moi.

Puis on s'est pris dans les bras pour se dire le mot le plus difficile.

– Adieu.

Et elle a disparu.

Happylogue

Le temps a recommencé à passer, la vie a repris son cours. C'est loin d'être merveilleux, mais c'est franchement moins pire.

Félicité a raconté toute la vérité sur le musée. J'ai été dé-renvoyée et Gilbert a été expulsé. Mais il s'en fiche, parce qu'il est parti en tournée dans le monde entier avec ses parents (qui cherchent à se faire oublier depuis l'incident de la momie). Ils se sont bien rapprochés, tous les trois. Gilbert a profité de son séjour à l'hôpital pour jouer les grands malades : il a fait semblant d'être amnésique pendant un bon moment. Ses parents, inquiets, ont passé beaucoup de temps ensemble à son chevet. Et ils ne se lancent plus que des petites piques de rien du tout.

C'est Félicité qui me l'a raconté. Elle se sentait tellement coupable qu'elle était allée le voir. Il avait insisté pour qu'elle prenne une photo de lui avec ses parents et il lui avait demandé de me transmettre qu'il ne m'oublierait jamais.

Il avait dit ça méchamment, bien sûr. Mais moi, je l'oublie un peu plus tous les jours. Et les rares fois où ça m'angoisse, je repense à sa photo de famille, avec la belle trace de fiente de pigeon sur le manteau de sa mère.

Mes parents sont un peu plus présents. Depuis qu'on leur a passé un savon, ils font plus attention. Et ils ont bien été obligés d'accepter que mon frère fasse ses études de cinéma. Il a annoncé qu'il commencerait par tourner un film sur des parents qui découvrent un beau jour qu'ils ont des enfants. J'ai hâte de voir ça !

Les parents n'ont rien dit, mais ils ont engagé quelqu'un pour les aider, qui remplacera mon frère au salon de thé garage coiffure librairie quand il partira faire ses études. Ils prennent aussi tous leurs mercredis après-midis. On apprend à passer du temps en famille, à jouer, à se parler, à se raconter des histoires ou des souvenirs, à inventer de nouveaux poèmes. Et pour la première fois, on va fêter mon anniversaire à la maison, pas à leur travail.

Mon anniversaire, c'est aujourd'hui. Et la première à me le souhaiter, ça a été la petite voix. Je suis contente : ça faisait un moment que je ne l'avais plus entendue.

Tout ce que j'ai demandé à ma famille, c'est d'être là. Parce que cette année, c'est moi qui leur réserve une surprise.

Après avoir soufflé les bougies (sans faire de vœu, surtout !), j'attends que tout le monde ait du gâteau plein la bouche pour annoncer :

– À partir d'aujourd'hui, je ne veux plus m'appeler Léoliam-Liulan. De toute façon, personne ne m'appelle comme ça. Même pas vous.

Mon père manque s'étouffer, ma mère a de la crème chantilly qui lui ressort par les narines. Mon frère me regarde avec curiosité.

– Le prénom que je me suis choisi, c'est Liu. Tout court.

– Liu-Tout-Court, c'est un peu long, plaisante papi Émile.

– C'est joli, dit nainai. Ça vient de lumière.

– D'accord, Liu, dit ma mère.

– Oui ma petite Liu-Liu, tente mon père.

– Non, papa. Liu. C'est mon choix.

Il y a un silence gêné et puis Jean se lance.

– Eh bien moi, j'aimerais avoir quatre prénoms. Y a pas de raison

– Comment tu voudrais t'appeler ? s'inquiète mon père.

– Jean.

– Oui, mais sinon ? demande ma mère.

– Ben, Jean. J'aime bien Jean.

– Jean-Jean ? a fait nainai.

– Ah, non ! J'ai dit quatre prénoms ! Jean-Jean-Jean-Jean.

– Mais on pourra continuer à t'appeler Jean, quand même ? veut savoir ma mère.

– Non. C'est quatre prénoms ou rien.

– Rien, c'est un peu triste, comme prénom, non ? lance papi.

Tout le monde rigole, et on passe le reste de l'après-midi à s'entraîner avec nos nouveaux prénoms. On finit même par baptiser le chat. Oui, oui, mon chat, parce que jusque-là, il ne s'appelait pas.

Quand on me l'avait offert, on m'avait demandé de lui donner un nom. Mais c'était une responsabilité terrible : j'avais peur de choisir quelque chose qui ne lui plaise pas. Alors je l'avais juste appelé « le chat ».

Mon grand-père a fait des tas de propositions horribles, de Chalamité à Chat Alors !, en passant par Chat l'ami et Perlipopette.

Oh, chat suffit comme chat !

– On n'a qu'à lui demander son avis, j'ai suggéré. Comment tu veux t'appeler, le chat ?

– *Moâ* ? il a miaulé.

– Oui, toi !

– *Moâ*, il a répété.

Et il s'est couché sur le dos, tout content, pour qu'on lui gratouille le ventre.

Euh… Tu vas arrêter l'histoire comme ça ?

– Ça ne te va pas, de terminer sur les ronrons de Moâ?

C'est pas pour critiquer, hein !
Mais… Tu ne trouves pas ça un peu…

– Doux? Tendre? Rassurant?

Oui mais…

– Tu voulais une morale, peut-être? Du genre qui n'ouvre pas sa boîte à camembert sera privé de dessert?

Les lecteurs sont suffisamment intelligents
pour qu'on ne leur dise pas quoi penser !

– Alors, qu'est-ce que tu imaginais, toi?

Je sais pas… si seulement…

– Hop, hop, hop! Il vaut mieux s'arrêter tout de suite, alors! Détends-toi. Reprends un bout de gâteau à la crème, colle ton oreille au chat. Et laisse donc le mot de la fin tranquille.

1er
PRIX

L'autrice

Lilas Nord est née juste à temps pour son anniversaire qui tombe depuis à peu près au même moment.

Elle se met très vite à raconter des histoires. Puis elle apprend à lire et à écrire, ce qui n'arrange rien.

On lui doit la redécouverte du principe de l'imprimerie sur le bord de son assiette, grâce aux nouilles-lettres.

Après avoir renoncé à l'école du cirque, parce que non-tu-ne-peux-pas-avoir-un-éléphant-qui-fait-des-claquettes-à-la-maison, elle part élever des papillons-phoques dans l'Ontario, puis des poules sauvages dans les plaines du Connemara.

On lui prête aussi quelques aventures difficiles à croire – mais comment savoir ?

Ce qui est sûr, c'est que, aujourd'hui, entourée de mots choisis, elle cultive l'imaginaire, les fleurs et les chats dans la ville du grand éléphant mécanique.

Remerciements

Pour être très honnête avec vous, quand je traduis des livres, je pousse toujours des *Pfff*, des *boooafff* ou des *grrr* quand je dois m'attaquer aux remerciements. Parce que franchement, les remerciements, dans 99 % des cas, pour les lecteurs, ce n'est vraiment pas intéressant.

C'est important, c'est sûr, mais je préfère le faire de vive voix.

Pour ce livre, c'est différent.

Alors avant de remercier tout un tas de gens, veuillez m'excuser si je tombe dans les 99%.

D'abord, évidemment, je tiens pour reboucler la boucle à re-remercier tous les participants à l'aventure du Feuilleton des Incorruptibles. Quand j'ai re et re et retravaillé le texte, j'ai toujours pensé à vous, à vos remarques, vos questions, vos suggestions, votre goût pour les jeux de mots, votre sens de la justesse et de la justice. J'espère que le chapitre bonus vous amusera autant que la série de chatastrophes.

Merci à Krysia, pour sa lecture sensible et ses pistes sur le texte.

Ensuite, évidemment, un incommensurable merci à Hélène, éditrice extraordinaire, en anglais dans le texte. À travers les mots des autres, ensemble, nous en avons écumé des pages d'aventures, embarquées dans des voyages souvent extraordinaires, de fabuleuses traversées d'imaginaires.

Mais te confier mes mots à moi fut une tout autre histoire, un vrai bonheur.

À ta finesse, ta sensibilité littéraire, ton humour contre vents et marées. Ton écoute et ta présence.

Avec toi, je me lancerai toujours à l'aventure, les yeux fermés.

Un grand merci à Murielle, qui a fait de Rageot une si belle maison dans laquelle je suis heureuse d'entrer par une nouvelle porte. Merci pour ton enthousiasme et ta confiance.

Un merci démultiplié aux libraires des Enfants terribles, à Nantes, pour votre lecture et vos retours, bien sûr, votre accueil, toujours, mais aussi pour l'art et l'amour avec lequel vous faites vivre ce lieu essentiel.

Merci à mes enfants chéris qui m'aiment, même quand je suis limite zombie, qui rigolent encore à mes histoires, et qui me disent gentiment de ne pas trop travailler quand même et de ne pas aller me coucher trop tard.

Merci à Anthony, homme de ma vie, pour tout ce que je n'écrirai pas ici, et parce que tu m'aimes aussi givrée.

Et puis il y a aussi tous ceux qu'on n'a pas du tout envie de remercier, mais au fond, ça n'a pas d'importance.

Le Feuilleton des Incos

Proposer aux jeunes lecteurs de pénétrer dans les coulisses de la création d'une histoire. C'est cette idée, à la fois simple et novatrice, qui est à l'origine du Feuilleton des Incos, organisé par l'Association Le Prix des Incorruptibles.

Pendant plus de douze semaines, des groupes de lecteurs ont entretenu une correspondance personnalisée avec un auteur.

L'objet de ces échanges ? Un texte posté tous les quinze jours chapitre par chapitre par un écrivain, passablement anxieux à l'idée d'être soumis aux jugements décomplexés des jeunes. Le résultat ? Une histoire commentée et questionnée par des centaines de lecteurs, aussi curieux qu'impitoyables, et autant de débats et échanges, questions existentielles et interrogations futiles, mots doux et bons mots…

Avec la complicité des éditions Rageot, le texte a été travaillé comme un manuscrit traditionnel avant de prendre le chemin des presses.

C'est une aventure où l'intime et le collectif se conjuguent et se répondent pour désacraliser l'acte d'écriture, comprendre le processus de publication d'un texte, inciter à la lecture, encourager la réflexion, tisser des liens privilégiés avec un auteur et, pourquoi pas, susciter des vocations.

Association Le Prix des Incorruptibles

01 44 41 97 20

www.lesincos.com

Groupes de CM2/6e ayant participé au projet du « Feuilleton des Incos » avec Lilas Nord :

- Les lecteurs de Fouesnant, Collège Kervihan à Fouesnant (29)
- Les lecteurs de l'Aigle, Collège Molière, l'Aigle (61)
- Les lecteurs de la Jarrie, Collège Françoise Dolto, La Jarrie (17)
- Les lecteurs de Lacanau, École primaire publique, Lacanau (33)
- Les lecteurs de Mauzé-sur-le-Mignon, Collège René Caillie, Mauzé-sur-le-Mignon (79)
- Les lecteurs de Pornic, Collège Privé Notre Dame de Recouvrance, Pornic (44)
- Les lecteurs de Tauriac, École primaire publique, Tauriac (81)

Pensée pour les affamé.e.s de lecture
qui lisent tout jusqu'à la dernière lettre.

PAPIER À BASE DE FIBRES CERTIFIÉES

RAGEOT s'engage pou
l'environnement en réduisant
l'empreinte carbone de ses livre
Celle de cet exemplaire est de :
450 g éq. CO_2
Rendez-vous sur
www.rageot-durable.fr

Achevé d'imprimer en France en février 2024
par Normandie Roto Impression s.a.s, Lonrai
Couverture imprimée chez Boutaux (28),
Le Theil-sur-Huisne
Dépot légal : mars 2024
N° d'édition : 8326-01
N° d'impression : 2400337